외국인을 위한
여행으로 배우는

한국
문화

한글파크

머리말

이 책은 한국 지역 곳곳을 여행하는 기분으로 한국문화를 알고자 하는 외국인 학습자들을 위한 것입니다. 한국은 아시아의 동쪽에 위치한 작은 나라이지만 각 지역에 담긴 이야기거리와 볼거리가 많습니다. 각 지역의 풍부한 콘텐츠는 한국문화를 이해하는 데 도움이 될 것이라는 생각에 이 책을 시작하였습니다. 한국문화에 대한 어려운 내용이 아니라 학습자들이 볼거리와 즐길 거리를 구석구석 찾아 여행하듯 쉽고 재미있게 구성하였습니다. 이 책의 특징은 다음과 같습니다.

첫째, 한국의 다양한 문화적 요소를 융합적으로 다루었습니다.
어떤 한 나라를 이해하기 위해서는 여러 문화적 요소가 함께 연결되어 서술되어야 합니다. 이 책은 각 지역 특색에 맞는 문화 콘텐츠를 선정하여 전통문화, 역사, 현대 한국의 사회, 교육, 경제, 예술, 언어 등에 대해 두루 다루었습니다.

둘째, 한국문화 수업에 활용하도록 만들어졌습니다.
이 책에 제시된 대화문, 읽기 자료, 확인학습 등은 학습자들이 한국어 의사소통능력을 기르는 데 도움이 될 것입니다. 또한 이 책은 각 지역별로 구성되어 있기 때문에 학습 환경에 따라 탄력적으로 활용할 수 있습니다. 혼자 공부할 수도 있고, 교실 수업에서는 학습자의 요구에 맞추어 유연하게 순서를 조정할 수도 있으며 학습자 특성에 맞는 과제 수행 중심으로 특정 지역 '조사하여 발표하기', '여행 계획 하기' 또는 자국의 문화와 '비슷한 것 찾기' 등의 학습자 참여를 이끌어 낼 수도 있습니다.

셋째, 한국어 중급 수준의 학습자(TOPIK 4급 수준)의 어휘 학습이 이루어지도록 하였습니다.
기존의 한국문화 저서들은 어려운 표현을 사용하여 한국어 학습자들이 읽고 이해하기가 어려운 경우가 많았습니다. 이 책은 '한국어 국제 통용 어휘', '문법 등급 목록' 등을 참고하여 중급 수준 학습자가 한국문화를 쉽게 이해할 수 있도록 서술하였습니다.

넷째, 상호문화주의를 기반으로 하였습니다.
한국문화를 배우려는 학습자들의 목적은 다양합니다. 배움의 목적뿐만 아니라 국적, 연령, 생활양식, 가치관 등의 배경도 다양합니다. 학습자들이 상호 문화적 관점에서 한국문화를 이해하고 서로 교류하여 궁극적으로는 자국의 문화와 한국문화에 대한 바른 태도를 형성하고 공유할 수 있도록 하였습니다.

같이 여행하는 동반자가 그 여행의 의미를 더해 주듯이 이 책이 한국어 학습자의 동반자가 되어 즐겁고 유익한 한국문화 여행이 되기를 바랍니다. 우리 집필진을 한결같이 아끼고 응원해 주시는 이재봉 교수님께 감사드리며 이 책이 나올 수 있게 도와주신 한글파크 출판사 관계자분들, 특히 아낌없는 의견을 내어주고 번거로운 작업을 해 주신 김아영 편집자님께 감사의 말씀을 전합니다.

2025년 6월 공동 집필진 일동

이 책의 구성

① 도입

각 단원의 학습을 시작하는 단계로 각 단원에서 소개할 모든 여행지의 위치가 표시되어 있는 지도를 제시했다. 그리고 각 단원에서 다룰 지역 전체 또는 주요 여행지에 대해 미리 생각해 볼 수 있는 질문을 제시했다.

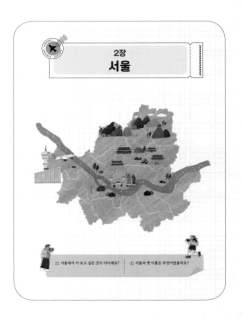

② 가 봅시다 1, 2

각 단원에서 꼭 알아야 할 여행지 두 곳을 주제로 한 대화문을 제시했다. 이 대화문은 각 여행지의 주요 정보를 더욱 쉽게 이해하는 데에 도움이 될 것이다.

③ 이야기 보따리

각 단원에서 생각할 거리가 많은 여행지 한 곳을 주제로 한 설명문을 제시했다. 이 설명문은 각 지역에 얽혀 있는 인물, 전설, 역사적 사건 등을 더욱 깊이 이해하는 데에 도움이 될 것이다.

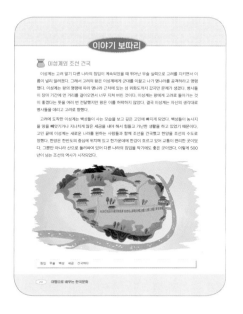

④ 확인해 봅시다

[가 봅시다 1], [가 봅시다 2], [이야기 보따리]에서 다룬 내용에 관련된 연습 문제를 제시했다. 다양한 유형의 문제를 풀어봄으로써 각 단원의 주요 학습 내용에 대한 이해도를 점검할 수 있도록 했다.

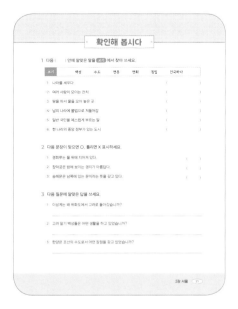

이 책의 구성

5 말해 봅시다

[가 봅시다 1], [가 봅시다 2], [이야기 보따리]에서 다룬 내용에 관련된 과제를 제시했다. 쓰기 또는 말하기 활동을 수행함으로써 각 단원의 주요 학습 내용을 다방면에서 활용할 수 있도록 했다.

6 여기 어때

[가 봅시다 1], [가 봅시다 2], [이야기 보따리]에서 다룬 곳 외에도 각 지역을 여행할 때 가 볼 만한 곳들을 소개했다.

7 여행을 마무리하며

각 단원의 학습을 마무리하는 단계로 각 단원에서 가장 기억에 남는 장소와 인상적인 내용을 정리할 수 있도록 했다.

목차

1장
한국 개요

📖 '한국'하면 무엇이 생각나요?

📖 한국의 자연환경은 어떨까요?

가 봅시다

🗺 지연 환경

가 : 한국에 여행 가기 전에 한국에 대해 좀 더 알아보려고 해요.

나 : 궁금한 것이 있으면 무엇이든지 물어보세요.

가 : 한국은 산이 많아요? 강이 많아요?

나 : 산도 많고 강도 많아요. 지도를 보면 알 수 있는 것처럼 북쪽과 동쪽에는 산이 많고 남쪽과 서쪽에는 강이 많은 편이에요.

가 : 그렇네요. 그리고 동해, 서해, 남해 이렇게 삼면이 바다네요.

나 : 맞아요. 여기저기 갈 곳이 많으니까 어서 오세요.

한국의 산과 강

궁금하다   삼면

🗺️ 계절과 날씨

가 : 한국 날씨는 어때요?

나 : 한국은 사계절이 뚜렷한 편이에요. 봄과 가을에는 맑고 건조한 날씨가 많아요.
여름에는 습하고 더워요. 겨울에는 눈이 오고 추워요.

가 : 여행하려면 어떤 계절이 좋아요?

나 : 어느 계절이든지 다 좋아요. 봄에는 꽃 구경을 가고, 여름은 바다에 가서 물놀이를 해요. 그리고 선선한 가을에는 단풍 구경을 많이 가고, 추운 겨울에는 스키를 즐길 수 있어요.

가 : 한국 여행이 기대되네요.

봄

여름

가을

겨울

뚜렷하다 습하다 선선하다 단풍

이야기 보따리

 ### 한국의 상징들

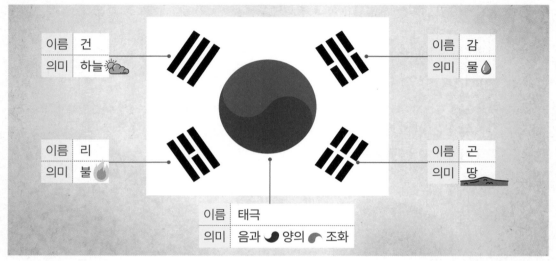

이름	건
의미	하늘

이름	감
의미	물

이름	리
의미	불

이름	곤
의미	땅

이름	태극
의미	음과 양의 조화

한국 국기는 '태극기'이다. 흰색 바탕에 가운데 태극과 네 모서리의 건곤감리 4괘로 구성되어 있다. 가운데 태극 문양의 파란색은 음, 빨간색은 양을 의미하는데 세상의 모든 것들이 음양의 조화로 만들어지고 발전한다는 자연의 진리를 담고 있다. 네 모서리의 건곤감리 4괘도 자연의 조화를 나타내는데 각각 하늘, 땅, 물, 불을 의미한다.

'애국가'는 '나라를 사랑하는 노래'를 뜻하며 한국의 국가이다.

'무궁화'는 한국을 상징하는 꽃으로 '영원히 피고 또 피어서 지지 않는 꽃'이라는 뜻을 가지고 있다. 꽃말은 '섬세한 아름다움', '일편단심', '끈기'이다. 무궁화는 국회, 법원, 대통령을 표시하는 데도 사용된다.

모서리   음양   조화   영원히   꽃말   섬세하다   일편단심   끈기

확인해 봅시다

1. 다음 주어진 것이 어울리도록 연결하세요.

(1) 단풍 ·   · 아주 분명하다

(2) 경치 ·   · 자세하고 가늘다

(3) 끈기 ·   · 산이나 들, 강, 바다 등의 자연

(4) 뚜렷하다 ·   · 쉽게 포기하지 않고 끝까지 견디는 마음

(5) 섬세하다 ·   · 가을에 나뭇잎이 빨간색이나 노란색으로 바뀌는 것

2. 다음 문장이 맞으면 ○, 틀리면 X 표시하세요.

(1) 한국은 삼면이 바다인 나라이다. ( )

(2) 서쪽과 남쪽에 산이 많은 편이다. ( )

(3) 단풍을 볼 수 있는 계절은 봄이다. ( )

(4) 한국의 가을 날씨는 선선한 편이다. ( )

3. 다음 그림의 의미가 무엇인지 알맞은 것끼리 연결해 봅시다.

(1) · 태극 · 음양의 조화

(2) · 무궁화 · 한국을 상징하는 꽃

(3) · 건 · 불

(4) · 곤 · 물

(5) · 감 · 땅

(6) · 리 · 하늘

말해 봅시다

1. 여러분 나라의 자연환경과 계절을 소개해 보세요.

2. 여러분 나라를 상징하는 것들은 무엇인지 소개해 보세요.

여기 어때?

① 국립 중앙 박물관

한국의 역사와 42만 점의 문화재와 다양한 전시를 볼 수 있는 곳이다.

② 한글 박물관

한글의 원리를 쉽게 체험하고 한글에 대한 이해를 넓힐 수 있다.

③ 국립 민속 박물관

일상생활과 관련된 민속문화를 알 수 있는 곳이다. 계절에 따른 의식주 및 전통 놀이 등이 전시되어 있다.

④ 청와대

1948년부터 2022년까지 한국 대통령의 집무실과 관저로 사용되던 곳이다. 예약하면 누구나 들어갈 수 있다.

문화재　전시　넓히다　민속문화　의식주　집무실　관저

한국에서 가보고 싶은 지역 3곳은 어디인가요?

🗨 지역

🗨 이유

🗨 지역

🗨 이유

🗨 지역

🗨 이유

2장
서울

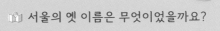

📖 서울에서 가 보고 싶은 곳이 어디예요?　　📖 서울의 옛 이름은 무엇이었을까요?

가 봅시다

 경복궁

가 : 이번 주말에 경복궁에 갈 거예요?

나 : 네. 경복궁 안에 있는 경회루에 꼭 가 보고 싶어서요. 연못 한가운데에 세워져 있는 게 경회루 맞죠?

가 : 맞아요. 나라에 축하할 일이 있을 때마다 연회가 열렸던 곳이 바로 경회루예요. 경회루는 야경이 특히 아름다우니까 시간 되면 밤에 가 보세요.

나 : 그래야겠네요. 다른 궁궐에도 가 볼 생각인데 어디가 좋을까요?

가 : 창덕궁에 가 보는 게 어때요? 창덕궁은 바위나 나무를 그대로 두고 지어졌거든요. 그래서 자연과 조화를 이루고 있는 모습으로 유명해요.

나 : 그렇군요. 창덕궁에도 꼭 가 볼게요.

연못	연회

숭례문

가 : 남대문하고 숭례문이 같은 곳이에요?

나 : 네. 조선 시대 때 수도를 지키기 위해 동서남북 방향으로 사대문을 세웠거든요. 그중에 하나가 남대문이고 남대문의 또 다른 이름이 숭례문이에요.

가 : 그렇군요. 그런데 숭례문은 무슨 뜻이에요?

나 : '예의를 소중히 여기는 문'이라는 뜻이에요. 사대문의 이름을 정할 때 이렇게 조선 시대 사람들이 중요하게 생각하는 것들을 하나씩 넣었대요.

가 : 그래요? 그럼 동대문의 또 다른 이름은 뭔지 한번 알아봐야겠어요.

수도

이성계와 조선 건국

    이성계는 고려 말기 다른 나라의 침입이 계속되었을 때 뛰어난 무술 실력으로 고려를 지키면서 이름이 널리 알려졌다. 그래서 고려의 왕은 이성계에게 군대를 이끌고 나가 명나라를 공격하라고 명령했다. 이성계는 왕의 명령에 따라 명나라 근처에 있는 섬 위화도까지 갔지만 문제가 생겼다. 병사들이 장마 기간에 먼 거리를 걸어오면서 너무 지쳐 버린 것이다. 이성계는 왕에게 고려로 돌아가는 것이 좋겠다는 뜻을 여러 번 전달했지만 왕은 이를 허락하지 않았다. 결국 이성계는 자신의 생각대로 병사들을 데리고 고려로 향했다.

    고려에 도착한 이성계는 백성들이 사는 모습을 보고 깊은 고민에 빠지게 되었다. 백성들이 농사지을 땅을 빼앗기거나 지나치게 많은 세금을 내야 해서 힘들고 가난한 생활을 하고 있었기 때문이다. 고민 끝에 이성계는 새로운 나라를 원하는 사람들과 함께 조선을 건국했고 한양을 조선의 수도로 정했다. 한양은 한반도의 중심에 위치해 있고 한가운데에 한강이 흐르고 있어 교통이 편리한 곳이었다. 그뿐만 아니라 산으로 둘러싸여 있어 다른 나라의 침입을 막기에도 좋은 곳이었다. 이렇게 500년이 넘는 조선의 역사가 시작되었다.

| 침입 | 무술 | 백성 | 세금 | 건국하다 |

확인해 봅시다

1. 다음 ( ) 안에 알맞은 말을 보기 에서 찾아 쓰세요.

보기	백성	수도	연못	연회	침입	건국하다

(1) 나라를 세우다   (   )

(2) 여러 사람이 모이는 잔치   (   )

(3) 땅을 파서 물을 모아 놓은 곳   (   )

(4) 남의 나라에 불법으로 쳐들어감   (   )

(5) 일반 국민을 예스럽게 부르는 말   (   )

(6) 한 나라의 중앙 정부가 있는 도시 (   )

2. 다음 문장이 맞으면 ○, 틀리면 X 표시하세요.

(1) 경회루는 물 위에 지어져 있다.   (   )

(2) 창덕궁은 밤에 보이는 경치가 아름답다.   (   )

(3) 숭례문은 남쪽에 있는 문이라는 뜻을 갖고 있다.   (   )

3. 다음 질문에 알맞은 답을 쓰세요.

(1) 이성계는 왜 위화도에서 고려로 돌아갔습니까?

_____

(2) 고려 말기 백성들은 어떤 생활을 하고 있었습니까?

_____

(3) 한양은 조선의 수도로서 어떤 장점을 갖고 있었습니까?

_____

말해 봅시다

1. 여러분 나라의 수도를 소개해 보세요.

2. 여러분 나라의 건국에 관련된 이야기를 소개해 보세요.

여기 어때?

① 한강공원

서울을 가로지르는 한강 곳곳에 조성되어 있는 공원이다.

② 북촌한옥마을

서울 도심에서 한국 전통 문화를 체험할 수 있는 곳이다.

③ 광장시장

한국의 다양한 길거리 음식을 맛볼 수 있는 전통 시장이다.

④ 이태원

세계 각지의 분위기를 느낄 수 있는 곳이다.

가로지르다 조성되다 각지

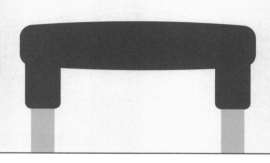

 서울을 여행하면서 가장 기억에 남는 장소는 어디였습니까?
그 이유는 무엇입니까?

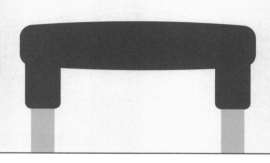 장소

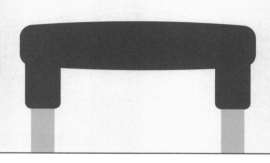 이유

 서울을 여행하면서 제일 인상적인 내용은 무엇이었습니까?
그 이유는 무엇입니까?

 내용

 이유

3장
인천

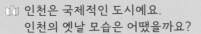

📖 인천은 국제적인 도시예요.
인천의 옛날 모습은 어땠을까요?

📖 한국 전쟁이 일어났을 때 인천에서는
어떤 일이 있었을까요?

가 봅시다

 ## 개항장 거리

가 : 인천은 큰 공항 때문인지 다른 도시보다 더 국제적이라는 느낌이 들어요. 인천의 옛날 모습은 어땠어요?

나 : 지금하고 비슷하다고 할 수 있어요. 1883년부터 인천항을 외국에 개방했거든요. 그래서 인천항 주변에 자리를 잡고 사는 외국 사람들이 많아졌어요.

가 : 인천에 차이나타운이 있다고 들었는데 그때 만들어진 거군요.

나 : 맞아요. 개항장 거리가 시작되는 곳에 차이나타운이 있고 안쪽으로 들어가면 일본식 건물도 많아요.

가 : 일본식 건물을 지금도 사용하고 있어요?

나 : 네. 카페나 식당으로요. 건물은 일본식인데 간판은 한글로 되어 있어서 색다른 분위기가 느껴져요.

개방하다   색다르다

가 봅시다

📍 강화도

가 : 인천국제공항 근처에 '강화도'라는 섬이 있는데 혹시 들어 봤어요?

나 : 네. 고인돌이 많이 있는 강화도 말이죠? 전 세계 고인돌의 절반 정도가 한국에 있다는 말을 듣고 찾아본 적이 있어요.

가 : 고인돌은 모양이 참 특이하지 않아요? 책상처럼 세워져 있는 것도 있고 뚜껑으로 덮어 놓은 것 같이 생긴 것도 있고요.

나 : 그런데 고인돌이 누구의 무덤인지는 정확히 밝혀지지 않은 것 같아요.

가 : 맞아요. 고인돌에 묻힌 사람의 지위나 경제력에 따라 고인돌의 크기가 다른 게 아닐까 하는 추측만 있을 뿐이에요.

특이하다 밝혀지다 지위

이야기 보따리

한국 전쟁과 인천 상륙 작전

1950년 6월 25일 새벽 4시 북한이 남한으로 쳐들어오면서 한국 전쟁이 시작되었다. 북한군은 사흘 만에 서울을 빼앗았다. 그리고 한 달 만에 가장 남쪽에 있는 낙동강 근처까지 내려왔다. 이처럼 상황이 심각해지자 유엔(UN)은 남한을 돕기 위해 군대를 보내기로 했다.

그때 유엔군의 총책임자였던 맥아더 장군은 배를 타고 인천으로 들어갈 계획을 세웠다. 인천은 낙동강에서는 멀리 떨어져 있지만 서울에서는 가까운 곳이었다. 당시 북한군은 낙동강 지역을 빼앗는 일에 집중하고 있었기 때문에 인천을 크게 신경 쓰지 않았다. 그래서 맥아더 장군은 인천에 상륙해 빨리 서울을 되찾겠다는 생각으로 인천 상륙 작전을 세운 것이다.

이 작전이 성공하면서 유엔군과 남한군은 서울을 되찾고 북쪽으로 계속 올라갔다. 그러나 중국 군과 힘을 합친 북한군의 공격에 다시 남쪽으로 내려올 수밖에 없었다. 이렇게 전쟁이 계속되다가 1953년에 휴전이 이루어졌으며 남한과 북한을 구분하는 지금의 휴전선이 생겼다.

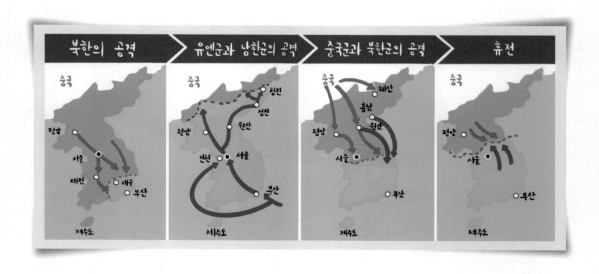

쳐들어오다   상륙하다   작전   휴전   구분하다

확인해 봅시다

1. 다음 (   ) 안에 알맞은 말을 보기 에서 찾아 쓰세요.

보기	지위	작전	휴전	구분하다	개방하다	밝혀지다

(1) 어떤 사실이 알려지다   (   )

(2) 전쟁 중 얼마 동안 싸움을 멈춤   (   )

(3) 어떤 공간을 자유롭게 이용하도록 하다   (   )

(4) 군사적 목적을 이루기 위해 세우는 계획   (   )

(5) 한 사람이 단체나 사회에서 차지하는 위치   (   )

(6) 일정한 기준에 따라 전체를 몇 개로 나누다   (   )

2. 다음 문장이 맞으면 ○, 틀리면 X 표시하세요.

(1) 인천은 1883년부터 외국인이 출입했던 도시이다.   (   )

(2) 개항장 거리에 있는 일본식 건물은 오래되어 비어 있다. (   )

(3) 고인돌은 묻힌 사람에 따라 크기가 다르다는 기록이 있다. (   )

3. 다음 질문에 알맞은 답을 쓰세요.

(1) 한국 전쟁 초기에 남한의 상황은 어땠습니까?

_____

(2) 맥아더 장군은 왜 인천으로 들어갈 계획을 세웠습니까?

_____

(3) 인천 상륙 작전이 성공한 후에 한반도에는 어떤 일이 있었습니까?

_____

말해 봅시다

1. 여러분 나라에서 가장 국제적인 도시를 소개해 보세요.

2. 여러분 나라가 겪은 전쟁에서 중요한 역할을 한 인물을 소개해 보세요.

여기 어때?

1 월미도

인천을 대표하는 관광지로 월미바다열차, 월미테마파크 등 다양한 오락 시설이 있다.

2 송도 센트럴파크

고층 빌딩이 가득한 송도 국제도시에서 자연을 느낄 수 있는 공원이다.

3 교동도 대룡시장

한국 전쟁 이후 교동도에 살기 시작한 실향민들이 북한의 시장과 비슷하게 만들어 놓은 곳이다.

4 백령도 콩돌해변

콩알처럼 작고 동그란 자갈이 깔려 있는 바닷가이다.

오락 고층 실향민 자갈 깔리다

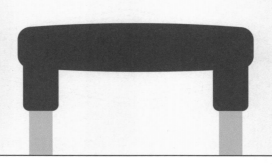

인천을 여행하면서 가장 기억에 남는 장소는 어디였습니까?
그 이유는 무엇입니까?

📭 장소

📭 이유

인천을 여행하면서 제일 인상적인 내용은 무엇이었습니까?
그 이유는 무엇입니까?

📭 내용

📭 이유

4장
경기도

📖 한국민속촌에는 어떤 볼거리나
즐길 거리가 있을까요?

📖 수원화성은 왜 지어졌을까요?

가 봅시다

용인 한국민속촌

가 : 옛날 한국 사람들은 어떻게 생활했는지 자세히 좀 보고 싶어요.

나 : 그럼 한국민속촌에 가 보세요. 한국민속촌은 조선 시대의 한 마을을 통째로 옮겨 놓은 것처럼 되어 있거든요. 그 시대의 서당, 관아, 장터 등이 옛날 모습 그대로 만들어져 있어요.

가 : 그래요? 거기에 가면 조선 시대 사람들이 일상을 어떻게 보냈는지 잘 알 수 있겠네요. 혹시 또 다른 볼거리나 즐길 거리도 있어요?

나 : 물론이죠. 조선 시대의 사또, 주모, 거지 등으로 분장한 배우들이 민속촌 곳곳에 있어요. 그래서 지나가는 사람들에게 말도 걸고 공연도 하는데 그게 정말 재미있어요.

가 : 그렇군요. 민속촌에 가게 되면 눈을 크게 뜨고 조선 시대에서 온 것 같은 사람들을 찾아봐야겠어요.

통째로   일상   분장하다

가 봅시다

 안산 다문화 거리

가 : 서울의 이태원처럼 이국적인 분위기가 느껴지는 곳이 경기도에도 있어요?

나 : 그럼요. 경기도 안산에 있는 다문화 거리가 바로 그런 곳이에요. 거기는 한국어 간판보다 외국어 간판이 더 많고 길거리를 오가는 사람들도 대부분 외국인이에요.

가 : 안산에 외국인이 그렇게 많이 살아요?

나 : 네. 외국인의 수도 많고 국적도 다양해요. 지금은 100개국 이상의 사람들이 안산에 모여 살고 있어요.

가 : 그럼 안산에는 외국인을 위한 시설도 많겠네요.

나 : 맞아요. 외국인주민센터, 외국인상담지원센터, 다문화안전경찰센터 등이 있어서 특히 외국인이 살기 편한 곳이지요.

이국적

정조와 수원화성

조선의 22번째 왕인 정조는 어린 나이에 아버지를 잃었다. 정조의 아버지는 당시 조선의 복잡한 정치적 상황 때문에 억울하게 죽었다. 그래서 정조의 마음속에는 아버지에 대한 안타까움이 가득했다. 특히 작고 초라한 아버지의 무덤은 어린 정조를 더욱 슬프게 했다. 시간이 흘러 왕이 된 정조는 아버지의 무덤을 조선에서 가장 좋은 명당으로 옮겼다. 그곳이 지금 경기도 수원에 있는 수원화성이다.

수원화성 안에는 행궁이 있는데 이곳은 왕이 궁궐 밖에 있을 때 잠시 지내던 장소이다. 정조는 나라와 백성을 위해 바쁘게 일하면서도 매년 수원화성을 방문했다. 그리고 그때마다 행궁에서 지내며 아버지를 그리워했다. 이처럼 아버지를 향한 정조의 마음이 느껴지는 수원화성은 효도에 대해 깊이 생각하게 하는 곳이다.

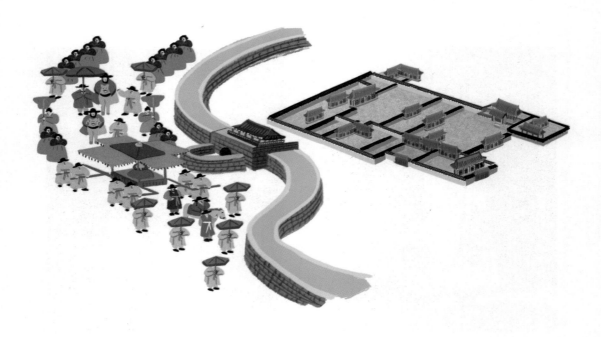

억울하다	안타깝다	초라하다	명당	효도

확인해 봅시다

1. 다음 (　　) 안에 알맞은 말을 보기 에서 찾아 쓰세요.

보기	명당	일상	효도	이국적	분장하다	억울하다

(1) 날마다 반복되는 생활　　　　　　　　　　　　　(　　　　　　)

(2) 자식이 부모를 잘 모시는 일　　　　　　　　　　(　　　　　　)

(3) 다른 나라의 특징을 갖고 있음　　　　　　　　　(　　　　　　)

(4) 역할에 맞게 얼굴과 옷차림을 꾸미다　　　　　　(　　　　　　)

(5) 후손에게 좋은 일이 많이 생기게 된다는 땅　　　(　　　　　　)

(6) 잘못 없이 피해를 당해 화가 나고 답답하다　　　(　　　　　　)

2. 다음 문장이 맞으면 ○, 틀리면 X 표시하세요.

(1) 한국민속촌은 조선 시대에 만들어진 곳이다.　　　　　　　(　　　)

(2) 안산 다문화거리에는 외국어로 된 간판이 많이 있다.　　　(　　　)

(3) 안산에 사는 외국인들은 대부분 같은 국적을 갖고 있다.　　(　　　)

3. 다음 질문에 알맞은 답을 쓰세요.

(1) 정조는 어렸을 때 무슨 일을 겪었습니까?

_____

(2) 정조는 왜 아버지의 무덤을 수원으로 옮겼습니까?

_____

(3) 정조는 아버지의 무덤에 갈 때마다 어디에서 지냈습니까?

_____

1. 여러분 나라에서 외국인이 많이 사는 지역을 소개해 보세요.

2. 여러분 나라의 효도는 한국의 효도와 어떻게 다른지 이야기해 보세요.

여기 어때?

1 광명동굴

폐광을 고쳐 만든 곳으로 동굴 안에 공연장, 아쿠아리움 등이 있다.

2 안산 대부도

일몰 명소일 뿐만 아니라 하루에 두 번 바닷길이 열리는 곳이기도 하다.

3 가평 아침고요수목원

약 5,000종의 식물과 다양한 주제로 꾸민 꽃밭이 있는 곳이다.

4 파주출판도시

수많은 서점, 출판사, 북 카페 등이 모여 있는 곳이다.

폐광 동굴 일몰 명소 출판사

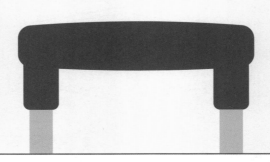

경기도를 여행하면서 가장 기억에 남는 장소는 어디였습니까?
그 이유는 무엇입니까?

📋 장소

📋 이유

경기도를 여행하면서 제일 인상적인 내용은 무엇이었습니까?
그 이유는 무엇입니까?

📋 내용

📋 이유

5장
강원도

📖 강릉에 있는 오죽헌은 어떤 장소일까요?

📖 비무장지대(DMZ)에 대해 알고 있어요?

가 봅시다

강릉 오죽헌

가 : 강릉에 있는 오죽헌은 왜 유명해요?

나 : 이곳은 검은 대나무가 많아서 '오죽헌'이에요. 여기에서 한국 지폐에 나오는 사람이 두 명이나 살았어요.

가 : 그 두 명이 누구인지 궁금하네요.

나 : 만 원짜리에 있는 신사임당과 오천 원짜리에 있는 율곡 이이예요.

가 : 그렇군요. 그럼 혹시 신사임당이 율곡 이이의 어머니예요?

나 : 네, 맞아요. 어머니인 신사임당은 조선 시대의 화가이자 시인이고 아들 이이도 조선 시대를 대표하는 훌륭한 학자예요.

지폐   시인   학자

비무장지대(DMZ)

가 : 한국에 비무장지대(DMZ)가 있다고 들었어요. 거기는 어떤 곳이에요?

나 : 아시다시피 한국은 남한과 북한으로 분단되어 있잖아요. 이곳은 휴전선을 기준으로 각각 2km 씩 군대나 무기 등을 설치하지 않고 비워두기로 약속한 곳이에요.

가 : 평화를 유지하기 위한 곳이군요.

나 : 그렇죠. 비무장지대에는 들어갈 수 없지만 비무장지대 근처에는 다른 곳에서는 볼 수 없는 볼거리가 많아 여기를 찾아오는 사람들이 늘고 있어요.

가 : 특별한 경험이 될 것 같아요. 어떻게 갈 수 있어요?

나 : 홈페이지에서 미리 신청해야 해요. 그리고 신분증을 꼭 가지고 가셔야 해요.

비무장지대(DMZ)   분단   설치하다   비우다   특별하다   신분증

이야기 보따리

 ## 아우라지와 정선 아리랑

아리랑은 한국을 대표하는 민요이고 한국인이라면 누구나 아리랑을 알고 있다. 여러 지역에 아리랑이 있지만 경기 아리랑이 가장 유명해서 흔히 '아리랑'이라고 불린다. 모든 아리랑에는 '아리랑, 아리랑, 아라리오'라는 가사가 공통적으로 반복된다.

강원도에서도 여러 가지 아리랑이 전해지는데 '아우라지'라는 강에 관한 '정선 아리랑'이 있다. 전설에 따르면 사랑하는 처녀, 총각이 아우라지 강을 사이에 두고 살았다고 한다. 두 사람은 동백꽃을 보러 가기로 약속했지만 밤사이 내린 폭우로 배가 뜰 수 없게 되었다. 그때 만나지 못하는 안타까운 마음을 노래한 것이 정선 아리랑이다.

지역별 주요 아리랑

정선 아리랑

아리랑

밀양 아리랑

진도 아리랑

민요　가사　전설　총각　동백꽃　폭우

확인해 봅시다

1. 다음 (   ) 안에 알맞은 말을 [보기]에서 찾아 쓰세요.

보기		민요	분단	전설	총각	폭우	특별하다

(1) 보통과 구별되게 다르다 (   )

(2) 결혼하지 않은 어른 남자 (   )

(3) 갑자기 세차게 쏟아지는 비 (   )

(4) 둘로 나뉘어져 통일되지 않는 것 (   )

(5) 예부터 전하여 내려오는 이야기 (   )

(6) 어느 지역에서 오랫동안 불리는 노래 (   )

2. 다음 문장이 맞으면 ○, 틀리면 X 표시하세요.

(1) 오죽헌은 검은 대나무가 많아서 지어진 이름이다. (   )

(2) 어머니 신사임당과 아들 율곡 이이가 살던 곳은 오죽헌이다. (   )

(3) 비무장지대는 평화를 유지하기 위해 군사 시설이 없는 곳이다. (   )

3. 다음 질문에 알맞은 답을 쓰세요.

(1) 아리랑의 두 가지 특징은 무엇입니까?

_____

(2) 아우라지의 처녀와 총각은 왜 만나지 못했습니까?

_____

말해 봅시다

1. 여러분 나라의 지폐에 있는 인물이나 그림에 대해 말해 보세요.

2. 여러분 나라에 예부터 전해오는 전통 노래가 있으면 소개해 보세요.

여기 어때?

① 속초 아바이 마을

북한이 고향인 사람들이 모여 사는 마을로 '아바이'는 나이가 많은 남성을 뜻한다.

② 태백 눈꽃축제

눈으로 만든 아름다운 조각들을 관람할 수 있다.

③ 양양 죽도해변

동해 바다의 파도를 이용한 서핑을 즐길 수 있는 곳으로 유명하다.

④ 춘천 남이섬

북한강에 반달 모양으로 떠 있는 남이섬은 계절마다 분위기가 다르다. 특히 가을 단풍이 아름답다.

조각   서핑

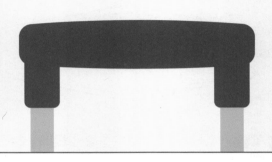

여행을
마무리하며

 강원도를 여행하면서 가장 기억에 남는 장소는 어디였습니까?
그 이유는 무엇입니까?

🗨 장소

🗨 이유

강원도를 여행하면서 제일 인상적인 내용은 무엇이었습니까?
그 이유는 무엇입니까?

🗨 내용

🗨 이유

6장
충청북도

📖 단양에 있는 세 개의 봉우리로 된 섬을 무엇이라고 할까요?

📖 고인쇄박물관은 어떤 곳일까요?

가 봅시다

 단양 도담삼봉

가 : 단양 팔경 중에서 도담삼봉은 산이에요?

나 : 아니에요. 도담삼봉은 세 개의 봉우리로 된 섬이에요.

가 : 그렇군요. 왜 도담삼봉이에요?

나 : 도담삼봉 이름에는 재미있는 이야기가 있어요. 도담삼봉은 정도전과 관계가 있는데 정도전 이라는 사람을 알아요?

가 : 네, 알아요. 정도전은 조선건국과 관련된 유명한 인물이잖아요. 어떤 이야기인지 궁금해요.

나 : 원래 단양의 도담삼봉은 강원도 정선군의 삼봉산이 홍수 때 떠내려 가서 생겨난 섬이라고 해요. 그래서 강원도 정선군 사람들은 단양사람들에게 삼봉산에 대한 세금을 요구했어요. 그런데 그때 어린 정도전은 삼봉산이 물길을 막아 단양사람들이 피해를 보고 있으니 다시 가져가라 고 했대요. 그 이후로 정선사람들은 세금 얘기를 꺼내지 않았다는 이야기예요.

봉우리

청주 고인쇄박물관

가 : '직지심경'은 언제 만들어졌어요?

나 : 1377년에 청주 흥덕사에서 만들었다고 기록되어 있어요. 흥덕사는 현재 없고 그 자리에 지금의 청주 고인쇄박물관이 세워졌어요. 직지의 원래 이름은 '직지심체요절'이라고 하는데 이것은 세계 최초의 금속활자 인쇄본이에요.

가 : 그렇군요. 그 책의 내용은 뭐예요?

나 : 불교의 교리와 실천하는 방법에 대해 설명하고 있어요. 총 두 권으로 되어 있는데 한 권은 한국에 있고, 다른 한 권은 프랑스 국립도서관에 있어요.

가 : 한국의 직지심경 전체를 한국에서 볼 수 없다니 아쉽네요.

나 : 아쉽기는 하지만 온라인으로 이 책의 내용을 볼 수 있어요. 이 책은 문화적 가치가 커서 유네스코 유산으로 등재되었어요.

금속활자

인쇄본   교리   가치   등재

바보 온달 이야기

고구려의 온달은 나이 많은 어머니를 모시고 산에서 가난하게 살았다. 온달은 못생기고 화를 내지 못하는 착한 성격 때문에 사람들은 그를 '바보 온달'이라고 놀렸다. 마을에 말 안 듣는 여자 아이들이 있으면 바보 온달한테 시집 보내버린다는 말이 고구려 왕에게까지 소문이 날 정도였다.

한편, 고구려 왕에게는 어린 평강공주가 있었는데 어릴 때부터 자주 울어서 별명이 울보 공주였다. 공주가 울 때마다 울보 공주를 달래기 위해 왕은 크면 바보 온달에게 시집을 보내야겠다고 했다.

시간이 흘러 공주는 결혼할 나이가 되자 왕에게 온달에게 시집가겠다고 고집을 부리고 산속의 바보 온달을 찾아간다. 그 후 평강 공주는 바보 온달에게 청혼을 했고 두 사람은 부부가 된다. 그날부터 평강 공주는 남편 온달에게 모든 정성을 다해 글을 가르치고 무술을 가르쳤다. 이러한 아내의 노력으로 바보 온달은 훌륭한 고구려의 장군이 되었다.

| 한편 | 별명 | 울보 | 달래다 | 고집을 부리다 |

1. 다음 (　　　) 안에 알맞은 말을 보기 에서 찾아 쓰세요.

보기	가치	교리	별명	한편	달래다	봉우리

(1) 종교의 기본 이론　　　　　　　　　　　　　　　　　　(　　　　　)

(2) 편안하게 진정시키다　　　　　　　　　　　　　　　　(　　　　　)

(3) 대상이 가지는 중요성　　　　　　　　　　　　　　　　(　　　　　)

(4) 산꼭대기의 솟은 머리　　　　　　　　　　　　　　　　(　　　　　)

(5) 다른 행동이나 다른 상황이 이어질 때 쓰는 말　　　　(　　　　　)

(6) 사람의 성격, 버릇의 특징을 이름 대신 지어 부르는 것　(　　　　　)

2. 다음 문장이 맞으면 ○, 틀리면 X 표시하세요.

(1) 바보 온달은 고구려 사람이다.　　　　　　　　　　　　　　　(　　　　)

(2) 고구려 왕은 평강 공주가 바보 온달의 아내가 되길 바랐다.　(　　　　)

(3) 바보 온달이 훌륭한 온달 장군이 된 것은 평강 공주의 노력 때문이다.　(　　　　)

3. 다음 주어진 질문에 알맞은 답을 쓰세요.

(1) 정도전이 삼봉산을 다시 가져가라고 말한 이유는 무엇입니까?

_____

(2) 직지심경의 내용 두 가지를 쓰십시오.

_____

1. 여러분 나라에서 인쇄물과 관련된 문화재를 찾아서 이야기해 보세요.

2. 여러분 나라에서 지역이름과 관련된 재미있는 전설을 찾아서 이야기해 보세요.

여기 어때?

1 청주 청남대

대한민국 대통령 전용으로 이용되었던 별장이다. 지금은 일반인에 공개된 관광지이다.

2 청주 초정행궁

조선시대 왕들의 목욕, 질병 치료, 휴양 등을 목적으로 지은 곳으로 세종대왕이 121일간 머물렀던 곳이다.

3 속리산 국립공원

사계절의 특징이 뚜렷이 드러나는 곳으로 한국 팔경 가운데 한 곳이다.

4 청주 문의문화재 단지

한국 고유의 전통문화인 옛날 생활터전을 재현한 곳이다.

생활터전	재현하다

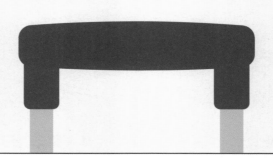

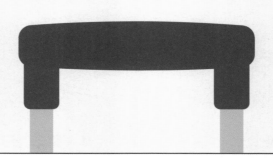 충청북도를 여행하면서 가장 기억에 남는 장소는 어디였습니까?
그 이유는 무엇입니까?

📋 장소

📋 이유

 충청북도를 여행하면서 제일 인상적인 내용은 무엇이었습니까?
그 이유는 무엇입니까?

📋 내용

📋 이유

7장
충청남도

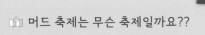

🗺 궁남지는 연못이에요. 어떻게 만들어
졌을까요?

🗺 머드 축제는 무슨 축제일까요??

가 봅시다

📍 부여 궁남지

가 : 여기 궁남지 어때요? 궁남지는 백제시대 때 만든 한국 최초의 인공 연못이에요.

나 : 오~ 그렇군요. 정말 멋지네요. 연못이 연꽃으로 둘러싸여 아름다워요.

가 : 이곳은 사계절이 다 좋아요. 여름에는 연꽃 축제가 열리고, 가을에는 국화 전시회가 열려요.

나 : 밤이 되면 사진 찍기 더 좋겠어요. 포토존이 많네요.

가 : 그럼 우리 맛있는 밥을 먹고 저녁 때 다시 오는 게 어때요? 이곳은 연꽃으로 유명해서 연잎 밥집이 많아요. 제가 이미 가장 유명한 식당을 찾아 두었어요.

나 : 정말요? 벌써 기대가 되는데요? 빨리 갑시다.

인공

보령 머드 축제

가 : 지난주에 머드 축제 다녀왔다면서요?

나 : 네. 저희 말고도 외국인들이 많이 와서 깜짝 놀랐어요. 낮에는 머드 축제에 참여했고, 밤에는 공연과 불꽃쇼를 봤는데 정말 재미있었어요.

가 : 머드 축제 다녀와서 그런지 피부가 환해졌네요. 실제로 머드가 피부를 맑고 건강하게 하는 데 도움이 돼요. 그래서 머드팩 화장품도 있어요.

나 : 그렇군요. 머드 축제에 갔을 때 처음에는 지저분해 보여서 들어가기가 겁이 났었는데 나중에는 온몸이 진흙인 채로 신나게 즐겼어요. 내년 머드 축제 때에는 같이 가요.

가 : 재미있게 놀고 피부도 좋아졌으니 '일석이조'네요. 좋아요. 내년에는 근처에 수안보 온천도 같이 가보는 게 어때요? 확실한 피부 관리를 경험하게 해 줄게요.

머드   지저분하다   일석이조

이야기 보따리

 서동요

옛날 백제의 남쪽 큰 연못 근처에 홀어머니가 살고 있었다. 홀어머니는 그 연못에 사는 용과 인연을 맺어 한 아이를 낳았는데, 이름을 서동이라고 했다. 서동은 이웃나라 신라왕의 딸 선화 공주가 아름답다는 이야기를 듣고 신라로 가서 아이들에게 다음과 같은 노래를 부르게 했다.

> 신화 공주님은
> 남 몰래 사귀어
> 서동을
> 밤마다 몰래 안고 간다.

이 노래는 곧 궁궐에까지 알려졌다. 왕은 화가 나서 선화 공주를 궁 밖으로 쫓아냈다. 그러나 어머니인 왕비는 슬퍼하며 떠나는 딸에게 금을 주었다. 궁 밖에서 기다리던 서동은 공주에게 가서 자기가 보호해 주겠다고 하였다. 선화 공주는 이런 서동에게 첫눈에 반해 백제로 함께 갔다. 선화 공주는 서동에게 어머니가 준 금을 주고 이것이 보물이라고 했다. 금이 보물인지 몰랐던 서동은 산에 쌓여 있는 금을 신라왕에게 보냈다. 이 일로 서동은 신라왕에게 인정을 받고 나중에 백제의 무왕이 되었다.

홀어머니 인연 반하다 인정

확인해 봅시다

1. 다음 (   ) 안에 알맞은 말을 [보기]에서 찾아 쓰세요.

보기	인연	인정	인공	반하다	일석이조	지저분하다

(1) 깨끗하지 못하고 더럽다　　　　　　　　　　　　　　(　　　　　　)

(2) 확실히 그렇다고 생각함　　　　　　　　　　　　　　(　　　　　　)

(3) 어떤 사람에게 마음이 많이 가다　　　　　　　　　　(　　　　　　)

(4) 한 가지 일로 두 가지 이득을 봄　　　　　　　　　　(　　　　　　)

(5) 사람과 사람 사이에서 맺어지는 관계　　　　　　　　(　　　　　　)

(6) 자연에 대해 사람의 힘이 작용하는 일　　　　　　　　(　　　　　　)

2. 다음 문장이 맞으면 ○, 틀리면 X 표시하세요.

(1) 서동은 용과 관계가 있다.　　　　　　　　　　　　　(　　　　　　)

(2) 서동은 선화 공주를 보고 첫눈에 반했다.　　　　　　(　　　　　　)

(3) 서동은 선화 공주를 만나 신라의 왕이 되었다.　　　(　　　　　　)

3. 다음 질문에 알맞은 답을 쓰세요.

(1) 머드의 효능은 무엇입니까?

_____

(2) '일석이조'는 어떤 의미입니까?

_____

1. 여러분이 '서동'이라면 사랑하는 사람을 얻기 위해 어떻게 했을지 이야기해 보세요.

2. 여러분이 선화 공주처럼 억울한 일을 당했다면 어떻게 했을까요? 그 이유는 무엇인지 이야기해
   보세요.

여기 어때?

⬡1 천안 독립 기념관

한국의 독립운동에 관한 유물과 자료가 전시된 곳이다.

⬡2 공주 공산성

백제의 역사를 느낄 수 있는 곳으로 유네스코에 지정되었다.

⬡3 논산 선샤인랜드

복합 문화 공간으로 군 생활 체험, 드라마 세트장 관람, 테마 포토존 등이 있는 관광지이다.

⬡4 태안 안면도

충청남도에서 제일 큰 섬이다. 해수욕장이 즐비해 있으며 낚시를 비롯한 해양 체험 활동을 할 수 있다.

유물   복합

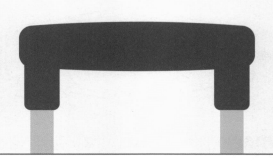

충청남도를 여행하면서 가장 기억에 남는 장소는 어디였습니까?
그 이유는 무엇입니까?

🗨 장소

🗨 이유

충청남도를 여행하면서 제일 인상적인 내용은 무엇이었습니까?
그 이유는 무엇입니까?

🗨 내용

🗨 이유

AIRPORT · AIRPORT · AIRPORT

8장
대전, 세종

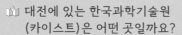

📖 대전에 있는 한국과학기술원
   (카이스트)은 어떤 곳일까요?

📖 세종시는 어떤 인물의 이름을 딴
   도시일까요?

가 봅시다

대전, 교통의 중심지

가 : 이번 주말에 여러 지역에 있는 친구들을 대전에서 만나기로 했어요.

나 : 여러 도시 중에서 왜 대전에서 만나요?

가 : 대전은 남한의 중심에 있어서 기차나 고속버스가 지나가는 곳이거든요. KTX를 타면 서울에서는 1시간, 부산에서는 1시간 30분 만에 대전에 도착할 수 있어요.

나 : 전국으로 갈 수 있는 기차뿐만 아니라 고속도로도 연결되는 교통의 중심지군요?

가 : 맞아요. 대전은 예전에는 '한밭'이라 불리는 작은 마을이었는데 경부고속도로가 생기면서 대도시가 되었어요.

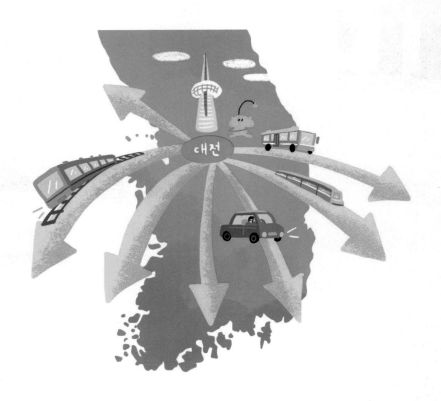

전국	연결되다

한국과학기술원(카이스트)

가 : 대전은 교통의 중심지이기도 하고 과학의 도시이기도 해요. 대전엑스포가 1993년도에 개최되었어요. 지금은 과학 관련 연구기관들이 많이 모여 있어요.

나 : 그래서 카이스트(KAIST)가 대전에 있군요.

가 : 카이스트의 공식 명칭은 한국과학기술원이에요. 이곳에서는 로봇과 같은 최신의 과학 기술뿐만 아니라 의학 기술도 연구하고 있어요.

나 : 카이스트에 과학자 동상이 있다던데 누구예요?

가 : 그분은 조선 시대의 과학자 장영실이에요. 비가 얼마나 왔는지를 측정하는 측우기, 낮에 시간을 알려주는 해시계, 밤에 시간을 알려주는 물시계, 하늘의 모양으로 시간과 날짜를 알려주는 혼천의 등을 만들었어요.

개최되다 공식 명칭 최신 동상 측정하다

세종대왕

대전 가까이에 세종특별자치시가 있다. 이곳은 2012년에 만들어진 행정중심 도시로 세종대왕의 이름을 따서 만들었다. 세종은 조선 시대 4번째 왕으로 나라의 안정과 발전을 위해 수많은 일을 했다. 그중에서 으뜸은 한글 창제이다. 한글의 옛 이름은 훈민정음으로 '백성을 가르치는 바른 소리'라는 뜻이다. 훈민정음이 만들어지기 전까지는 중국 한자를 사용했다. 세종은 백성들이 한자를 배우기 어렵다는 것을 알고 쉽게 배울 수 있는 문자를 만든 것이다.

세종의 백성을 위한 마음은 여러 제도에서도 찾아볼 수 있다. 먼저 만삭의 노비들이 출산 직전까지 일하는 것을 안타깝게 여겼던 세종대왕은 노비들을 위한 출산 휴가 정책을 만들었다. 또한 신분과 상관없이 기술과 능력이 있는 사람을 채용하였다. 대표적인 예가 장영실이다. 장영실은 노비였지만 실력이 뛰어나다는 것을 알고 여러 과학 기구를 만들게 하였다.

세종의 한글 창제는 백성들에게 가르침을 주었고 여러 업적은 백성들의 삶의 질을 높여 주었다. 따라서 세종대왕은 한국인들에게는 진정한 스승이다. 이런 점에서 세종대왕이 태어난 날인 5월 15일을 '스승의 날'로 지정해 기념하고 있다.

으뜸 한자 만삭 노비 출산 여기다 정책 채용하다 스승

1. 다음 (   ) 안에 알맞은 말을 보기 에서 찾아 쓰세요.

보기	만삭	으뜸	전국	출산	여기다	개최되다	측정하다

(1) 온 나라 (   )

(2) 아이를 낳는 것 (   )

(3) 아이 낳을 달이 다 되었을 때 (   )

(4) 모임, 대회, 회의 등이 열리다 (   )

(5) 마음속으로 인정하고 생각하다 (   )

(6) 많은 것 가운데 가장 뛰어난 것 (   )

(7) 기계나 장치를 이용하여 크기, 길이 등을 재다 (   )

2. 다음 문장이 맞으면 ○, 틀리면 X 표시하세요.

(1) 스승의 날인 5월 15일은 세종대왕이 태어난 날이다. (   )

(2) 장영실은 실력이 뛰어난 기술자로 양반 신분이었다. (   )

(3) 행정중심 도시인 세종시는 조선시대부터 있던 도시이다. (   )

(4) 훈민정음은 한글의 옛 이름으로 백성을 가르치는 바른 소리라는 뜻이다. (   )

3. 다음 질문에 알맞은 답을 쓰세요.

(1) 장영실이 비의 양을 재기 위해 만든 것은 무엇입니까?

_____

(2) 과학발전을 위해 세워진 카이스트에서는 어떤 것이 연구되고 있습니까?

_____

(3) 한국의 중심에 위치한 도시로 전국으로 가는 기차와 고속도로가 잘 연결된 곳은 어디입니까?

_____

1. 여러분 나라의 유명한 과학자에 대해서 말해 보세요.

2. 여러분 나라의 도시 중 훌륭한 사람의 이름을 딴 도시를 소개해 보세요.

1 유성온천

오랜 역사를 가진 유성 온천은 수질이 좋다. 온천 테마 공원의 노천 족욕 체험장은 누구나 무료로 이용할 수 있다.

2 국립중앙과학관

국내 최대 국립 과학관으로 다양한 시설과 프로그램으로 과학을 즐길 수 있는 곳이다.

3 엑스포과학공원

상징탑인 한빛탑에서는 대전시의 주요 지역을 한눈에 볼 수 있다. 또한 첨단과학 발전의 과거와 현재, 미래를 알 수 있다.

4 성심당

실향민 부부가 대전역 길거리에서 시작한 빵집이다. 지역발전을 이끌고 기부를 실천하는 곳으로 유명하다.

수질 노천 족욕 첨단 과학

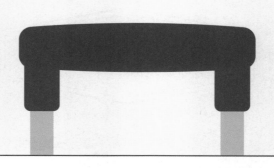

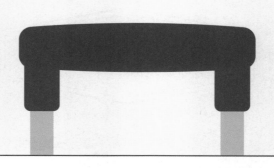 대전과 세종을 여행하면서 가장 기억에 남는 장소는 어디였습니까?
그 이유는 무엇입니까?

🧳 장소

🧳 이유

 대전과 세종을 여행하면서 제일 인상적인 내용은 무엇이었습니까?
그 이유는 무엇입니까?

🧳 내용

🧳 이유

9장
전라북도

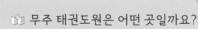

📖 전주 한옥마을에 가본 적이 있어요?　　📖 무주 태권도원은 어떤 곳일까요?

가 봅시다

 전주 한옥마을

가 : 한옥마을에서 한복을 입고 있으니 마치 옛날로 돌아간 것 같네요.

나 : 저도 그렇게 생각해요. 외국인 친구들이 가장 한국적인 도시가 '전주'라고 하더라고요. 여기 전주에서 한국의 전통적인 것을 경험할 수 있는 것이 많다고 하던데 뭐가 있어요?

가 : 부채 만들기, 한지 체험, 전통 술 만들기 등을 할 수 있어요.

나 : 부채 만들기가 재미있겠네요. 그런데 한지는 뭐예요?

가 : 한국의 전통 종이예요. 한지는 '닥나무'라는 재료로 만들어서 부드럽지만 잘 찢어지지 않아요. 그래서 한옥 문에 붙이기도 하고 부채를 만들 때도 사용해요.

나 : 아~ 그래서 부채에 그림도 그리고 글도 쓸 수 있는 거군요!

부드럽다　찢어지다

무주 태권도원

가 : 뉴스에서 태권도를 봤는데 정말 멋지더라고요. 저도 태권도를 한번 배워보고 싶어요.

나 : 그럼 무주에 한번 가 보세요. 거기에 세계 최대 규모의 태권도 훈련장이 있어요.

가 : 저는 태권도에 대해 전혀 모르는데 괜찮아요?

나 : 그럼요. 태권도에 관심 있는 사람이면 누구나 기본 발차기부터 배울 수 있어요. 직접 태권도를 배우지 않아도 시범 공연을 보거나 박물관을 구경할 수도 있어요.

가 : 이번 주말에 당장 가 봐야겠네요.

나 : 태권도를 배우려면 미리 신청해야 돼요. 당일치기부터 4박 5일 프로그램까지 다양한 프로그램이 있으니까 일정에 맞게 배워 보세요.

| 규모 | 훈련장 | 시범 공연 | 당장 | 당일치기 |

소설 '춘향전'과 판소리 '춘향가'

전라북도 남원의 광한루하면 한국 사람이라면 누구나 소설 '춘향전'을 떠올린다. '춘향전'은 한국의 대표적인 사랑 이야기이다. 남원 사또의 아들인 이몽룡과 기생의 딸 춘향은 광한루에서 만나 첫눈에 반해 사랑에 빠진다. 이몽룡의 아버지가 한양으로 떠나게 되자 두 사람은 어쩔 수 없이 다시 만날 것을 약속하고 헤어진다. 남원에 새로 온 사또 변학도는 춘향의 아름다움에 반해 수청을 들라고 강요한다. 춘향이 이를 거절하자 감옥에 넣어 버린다. 한편, 한양에 간 이몽룡은 과거시험에서 합격해 암행어사가 된다. 변학도의 생일잔치에 참석한 암행어사는 변학도를 벌하고 억울하게 감옥에 갇힌 사람들을 풀어준다. 이몽룡과 한양으로 올라간 춘향은 행복하게 살아간다.

소설 '춘향전'은 한국의 전통 음악인 '판소리'로도 불린다. 판소리는 한 명의 소리꾼이 노랫소리, 말, 몸짓으로 긴 이야기를 전달하는 전통 종합 예술이다. 이 때 북을 치는 사람은 '얼씨구', '좋다' 등의 추임새를 넣기도 한다. '춘향가'는 사랑, 이별, 위기, 다시 만나는 과정을 이야기하는데 그 중에서 가장 많이 불리는 것은 '사랑가'이다.

소설   강요   감옥   갇히다   벌하다   종합   위기

확인해 봅시다

1. 다음 ( ) 안에 알맞은 말을 보기 에서 찾아 쓰세요.

보기	강요	당장	부채	벌하다	훈련장	당일치기

(1) 억지로 또는 강제로 요구함 ( )

(2) 하루에 일을 서둘러 끝내는 것 ( )

(3) 손으로 흔들어 바람을 일으키는 물건 ( )

(4) 잘못하거나 죄를 지은 사람에게 벌을 주다 ( )

(5) 일이 일어난 그 자리 또는 이후의 빠른 시간 ( )

(6) 운동선수들이나 사람들이 연습을 하기 위해 마련된 곳 ( )

2. 다음 문장이 맞으면 ○, 틀리면 X 표시하세요.

(1) '한지'는 닥나무로 만든 한국의 전통 종이이다. ( )

(2) 한지는 아주 부드러워서 잘 찢어지는 특성이 있다. ( )

(3) 무주 태권도원에서 할 수 있는 활동은 태권도 배우기밖에 없다. ( )

3. 춘향전의 내용을 각각 주어진 단어에 맞게 정리해서 쓰세요.

(1) 만남 :

_____

(2) 이별 :

_____

(3) 위기 :

_____

(4) 결말 :

_____

1. 여러분 나라의 전통가옥을 소개해 보세요.

2. 여러분 나라의 대표적인 무술이 있다면 발표해 보세요.

여기 어때?

1 남원 국악의 성지

판소리를 비롯한 한국 전통 음악에 대해 알 수 있는 곳이다.

2 순창 장류박물관

한국 음식에서 꼭 필요한 고추장, 된장 등 발효된 전통 장류를 소개하는 곳이다.

3 부안 청자박물관

고려 시대를 대표하는 청자에 대해 알 수 있으며 직접 만드는 체험도 할 수 있다.

4 부안 채석강

오랜 시간 파도가 만들어낸 절벽과 동굴을 볼 수 있는 곳이다.

국악 발효 청자 절벽

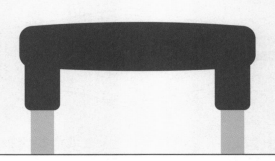

전라북도를 여행하면서 가장 기억에 남는 장소는 어디였습니까?
그 이유는 무엇입니까?

📋 장소

📋 이유

전라북도를 여행하면서 제일 인상적인 내용은 무엇이었습니까?
그 이유는 무엇입니까?

📋 내용

📋 이유

10장
전라남도

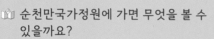

📖 순천만국가정원에 가면 무엇을 볼 수 있을까요?

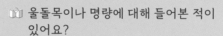

📖 울돌목이나 명량에 대해 들어본 적이 있어요?

가 봅시다

여수 다도해해상국립공원

가 : 전라남도에서 가 볼 만한 곳을 찾아보다가 다도해해상국립공원에 대해 알게 됐어요. 여기가 한국의 국립공원 중에서 가장 넓은 곳이라면서요?

나 : 네. 신안에서 진도, 완도, 고흥을 지나 여수까지 이어져 있는 전라남도 앞바다가 모두 다도해 해상국립공원에 포함되니까요. 그리고 공원 이름에서 알 수 있는 것처럼 여기에는 섬이 아주 많아요.

가 : 그렇군요. 만약에 그 많은 섬 중에서 한 곳에만 갈 수 있다면 어디에 갈 거예요?

나 : 저라면 여수에 있는 금오도에 갈 거예요. 거기에 아름다운 해안 산책길이 있거든요. 길 한쪽 에는 절벽이 이어져 있고 다른 한쪽에는 바다가 끝없이 펼쳐져 있어요.

가 : 정말요? 상상만 해도 가슴이 탁 트이는 것 같아요.

해안　이어지다　펼쳐지다

순천 순천만국가정원

가 : 이번 주말에는 여수에 갔다가 그 옆에 있는 순천에도 가 보려고요. 순천만국가정원이 아주 유명한 관광지라고 하던데요.

나 : 맞아요. 분위기가 서로 다른 세계 각국의 정원을 구경할 수 있어서 많은 사람들이 찾는 곳이에요. 순천만국가정원에서 안쪽으로 더 들어가면 순천만습지도 있어요.

가 : 지도에서 봤어요. 정원이 습지하고 도시 사이에 있더라고요. 이런 위치에 정원을 만든 특별한 이유가 있을까요?

나 : 네. 순천만습지에는 멸종 위기에 처한 새들이 살고 있어요. 이 새들을 보호하려면 일단 습지가 깨끗해야 되잖아요. 그래서 습지가 오염되지 않도록 습지하고 도시 사이에 정원을 만든 거예요.

가 : 정원이 도시의 오염으로부터 습지를 지키고 있는 거군요. 경치만 아름다운 게 아니라 참 중요한 역할을 하는 정원이네요.

정원   습지   멸종   오염되다

울돌목과 명랑

  전라남도 진도에는 지명이 특이한 장소가 있다. 바로 '울돌목'이다. 울돌목은 '바다가 울음소리를 내면서 지나가는 곳'이라는 뜻을 갖고 있다. 왜 바다가 여기에서 우는 것일까?

  사실 울돌목은 폭이 좁고 긴 바닷길이다. 이 길을 통해 남해의 바닷물이 서해로 빠져나간다. 그런데 울돌목이 좁기 때문에 바닷물이 여기를 통과할 때는 물살도 세지고 물소리도 커진다. 이 소리가 바다의 울음소리와 비슷하다고 생각한 옛날 사람들이 이곳을 울돌목이라고 부르기 시작했다.

  울돌목을 '명랑'이라고 부르기도 한다. 이 지명은 특히 이순신 장군을 떠올리게 한다. 이순신 장군은 이곳의 물살이 세고 빠르다는 점을 이용해 바다 위 전투에서 크게 승리했는데 이 전투가 '명랑 해전'이기 때문이다. 이 전투에 관한 이야기는 '명랑'이라는 영화로도 만들어졌다.

지명	폭	통과하다	물살	승리하다	전투

확인해 봅시다

1. 다음 ( ) 안에 알맞은 말을 보기 에서 찾아 쓰세요.

보기		폭	물살	멸종	정원	전투	해안

(1) 군대 간의 싸움 ( )

(2) 물이 흘러가는 힘 ( )

(3) 평면의 가로를 잰 길이 ( )

(4) 바다와 육지가 닿아 있는 부분 ( )

(5) 꽃이나 나무를 심어 키우는 공간 ( )

(6) 생물의 한 종류가 완전히 없어짐 ( )

2. 다음 문장이 맞으면 ○, 틀리면 X 표시하세요.

(1) 다도해해상국립공원은 여수 금오도 안에 있다. ( )

(2) 순천만국가정원은 습지와 도시 사이에 위치해 있다. ( )

(3) 순천만국가정원에는 반드시 보호해야 할 새들이 살고 있다. ( )

3. 다음 질문에 알맞은 답을 쓰세요.

(1) 울돌목은 무슨 뜻입니까?

_____

(2) 바닷물이 울돌목을 지나갈 때 어떤 변화가 일어납니까?

_____

(3) '명량'이라는 지명은 이순신 장군과 어떤 관련이 있습니까?

_____

1. 멸종 위기에 처한 동물을 조사해서 발표해 보세요.

2. 여러분 나라의 역사적 인물이 나오는 영화를 소개해 보세요.

여기 어때?

1 담양 메타세쿼이아길

20미터가 넘는 메타세쿼이아 약 500그루가 양쪽 길가에 줄지어 있는 아름다운 가로수 길이다.

2 보성 녹차밭

한국의 대표적인 녹차 생산지로 계단식으로 생긴 녹차밭이다.

3 해남 땅끝마을

한국의 가장 남쪽에 자리잡고 있어 전국 일주를 시작하거나 끝내는 곳으로 유명하다.

4 신안 퍼플섬

섬 전체가 보라색으로 꾸며져 있고 보라색 꽃 축제도 열려 신비한 느낌을 준다.

줄짓다   가로수   생산지   일주   신비하다

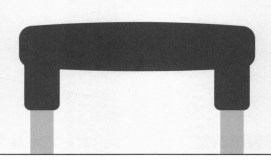

 전라남도를 여행하면서 가장 기억에 남는 장소는 어디였습니까?
그 이유는 무엇입니까?

   🗒️ 장소

   🗒️ 이유

 전라남도를 여행하면서 제일 인상적인 내용은 무엇이었습니까?
그 이유는 무엇입니까?

   🗒️ 내용

   🗒️ 이유

11장
광주

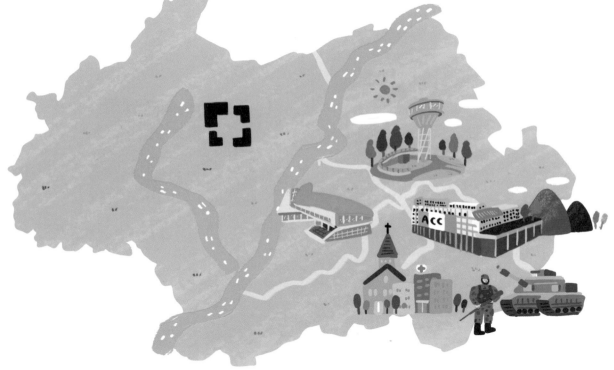

양림 역사문화마을은 어떤 곳일까요?

5·18 민주화운동에 대해 들어본 적이 있어요?

가 봅시다

🗺️ 광주 비엔날레

가 : 거리에서 비엔날레 포스터를 봤는데 비엔날레가 뭐예요?

나 : 사회적으로 중요한 주제를 정해서 2년에 한 번씩 국제적으로 열리는 미술전시회예요.

가 : 광주에서도 비엔날레가 열리는군요.

나 : 네. 현대 미술을 비롯한 사진, 건축, 미디어 아트 등의 다양한 작품들이 전시되고 전시 기간도 2달이나 3달 정도로 꽤 길다고 해요.

가 : 그래요? 저도 이번에는 광주에 온 김에 비엔날레를 구경해 봐야겠네요.

나 : 시간 맞춰서 같이 가요.

미디어 아트 (백남준 작품)

비엔날레

작품 꽤

양림 역사문화마을

가 : 여기가 양림 역사문화마을이군요. 생각보다 엄청 넓은데 한옥과 서양식 건물이 잘 어우러져 있네요.

나 : 네, 이곳은 오래된 한국 전통의 건물, 나무, 한국의 근대 역사가 잘 보전된 곳이에요.

가 : 여기 양림동에는 왜 서양식 건물이 많아요?

나 : 여기는 100여년 전에 광주에서는 처음으로 서양문물이 들어온 곳이에요. 많은 외국인 선교사들이 이곳 양림동에 와서 병원뿐만 아니라 교회와 학교를 지었어요. 특히 '오웬'이라는 선교사는 의사로서 가난한 사람들을 치료해주었어요. 그의 뜻을 기념하기 위해 오웬 기념각도 남아있어요.

가 : 이곳은 다른 사람들에게 나눔을 실천하고 다 함께 잘 살아가기를 바라는 공동체 정신이 있는 곳이네요.

| 어우러지다 | 선교사 | 서양문물 | 나누다 | 공동체 정신 |

이야기 보따리

 '빛고을' 광주와 5·18 민주화운동

광주는 '빛고을'이라고도 불린다. 겨울에 추위를 녹이는 것이 햇빛이듯이 광주는 한국에서 민주주의에 '빛'을 비추는 민주화 운동과 연결된다.

한국에서는 오랫동안 대통령이 자기 마음대로 나라를 이끌어가려고 하는 때가 있었다. 군사 독재를 경험했던 국민들은 또 다른 군사 독재가 시작되는 것을 원하지 않았다. 전국 곳곳에서 독재를 반대하는 시위가 있었는데 광주시민들도 마찬가지였다. 그러던 중 1980년 5월 18일 광주에 군인들이 나타나 평화 시위를 하던 사람들에게 총을 쏘았다. 분노한 광주 시민들은 광주를 지키고 민주주의를 지키기 위해 총을 들었다. 하지만 시민들이 군인들과 맞서 싸우기에는 힘이 부족했다. 5·18 민주화 운동은 끝내 무력으로 진압되고 말았다. 그럼에도 민주주의를 간절히 바라는 국민들의 마음은 사라지지 않았고 1987년 6월 민주 항쟁으로 이어졌다.

오랫동안 민주주의를 위해 싸운 국민들이 있었기 때문에 오늘날 한국이 민주주의 국가로 자리 잡게 된 것이다. 그 출발점이 광주의 5·18 민주화운동이었다. 1980년 광주의 그날은 광주시 곳곳 5·18 민주광장, 5·18 민주화묘지, 5·18 기념공원 등에 기록되어 있으며 영화 <택시운전사>와 <화려한 휴가>로도 만들어졌다. 2024년 대한민국 최초로 노벨 문학상을 받은 한강 작가의 소설 <소년이 온다>도 이 사건을 다루고 있다.

녹이다 민주화 독재 시위 분노 맞서다 무력 진압 간절히 항쟁

1. 다음 주어진 것이 어울리도록 연결하세요.

(1) 기간 •		• 아주 많이 화를 내는 것
(2) 독재 •		• 아주 많이 바라고 원하는 마음으로
(3) 분노 •		• 여러 가지가 조화를 이루어 함께 있다.
(4) 간절히 •		• 올바르지 않은 상황에서 포기하지 않고 행동하다.
(5) 맞서다 •		• 어느 일정한 시기부터 다른 어느 일정한 시기까지
(6) 어우러지다 •		• 권력을 잡은 사람이 자기 마음대로 나라를 이끌어가려는 것

2. 다음 문장이 맞으면 ○, 틀리면 X 표시하세요.

(1) 광주 비엔날레는 2년마다 열리는 국제미술전시회이다.　　　　　　(　　)

(2) 광주 비엔날레 전시 기간은 2주에서 3주 정도로 짧은 편이다.　　　(　　)

(3) 한국 최초로 서양문물이 들어온 곳이 양림 역사 문화마을이다.　　(　　)

(4) 양림 역사 문화마을에서 우리가 배울 수 있는 것은 나눔과 공동체 정신이다.　(　　)

3. 다음 질문에 알맞은 답을 쓰세요.

(1) 광주 시민들은 왜 시위를 했습니까?

_____

(2) 오늘날 한국이 민주주의 국가가 될 수 있도록 출발점 역할을 했던 역사적 사건은 무엇입니까?

_____

1. 여러분 나라에도 비엔날레나 전시회와 같은 예술 행사가 있다면 소개해 보세요.

2. 여러분 나라에서도 외국인의 도움을 받은 일이 있다면 이야기해 보세요.

여기 어때?

1 무등산국립공원

2018년 유네스코 지정 세계지질공원이다.

2 사직공원전망타워

신에게 제사를 지내던 사직단이 있던 곳에 지어진 타워이다. 광주를 한 눈에 볼 수 있고 야경도 아름답다.

3 김대중컨벤션 센터

노벨 평화상을 수상한 김대중 전 대통령의 이름을 따서 만든 시설로 다양한 전시와 행사가 열린다.

4 국립아시아문화전당

아시아 문화권이 서로 교류하고 더 발전할 수 있도록 만든 문화 공간이다.

지정하다   지질   제사   교류

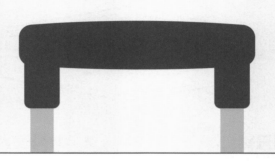

 광주를 여행하면서 가장 기억에 남는 장소는 어디였습니까?
그 이유는 무엇입니까?

📋 장소

📋 이유

 광주를 여행하면서 제일 인상적인 내용은 무엇이었습니까?
그 이유는 무엇입니까?

📋 내용

📋 이유

12장
경상북도

📖 경주는 어떤 곳이에요?

📖 안동의 도산서원은 무엇을 하는 곳이었을까요?

가 봅시다

 ## 경주 불국시와 석굴암

가 : 역시 경주에 오니까 옛날 신라시대로 들어온 것 같아요. 공기마저 다르게 느껴지네요.

나 : 저도 그래요. 이번에 세 번째로 경주에 오는데 매번 다른 느낌을 주는 매력적인 도시인 것 같아요. 경주는 유네스코에 등재된 세계 문화유산이 한국에서 가장 많이 있는 곳이에요.

가 : 정말요? 어떤 곳들이 등재됐어요?

나 : 세계 유산으로 52개의 문화재가 지정됐는데요. 그 중에서 석굴암, 불국사, 첨성대, 동궁과 월지, 황룡사지 등이 대표적이에요.

가 : 정말 많군요. 모두 보려면 바쁘겠네요. 처음 여행지는 어디예요?

나 : 지금은 가장 유명한 불국사, 석굴암으로 갈 거예요. 자 그럼 천 년 동안 신라의 수도였던 천년고도 경주 여행을 시작해 볼까요?

불국사

동궁과 월지

황룡사지

첨성대

매력적   천년고도

안동 도산서원

가 : 도산서원은 어떤 곳이에요?

나 : 도산서원은 조선시대 퇴계 이황이라는 학자를 추모하기 위해 세워진 곳이에요. 혹시 퇴계 이황을 들어본 적 있어요?

가 : 네, 들어본 적 있어요. 수업시간에 배웠는데 한국에서 존경받는 훌륭한 학자라고 들었어요.

나 : 맞아요. 여기는 2개의 건물이 있는데 이곳 도산서원은 돌아가신 퇴계 이황선생님을 기리기 위해 만들어진 사당이에요. 그리고 저기에 있는 도원서당은 퇴계 이황 선생님이 직접 건물을 지어서 제자들을 가르치던 곳이에요.

가 : 서당이라면 오늘날 학교 같은 교육기관이지요? 학교라고 생각하니 당장 책이라도 읽어야 할 것 같은데요?

나 : 하하, 그럼 마침 평일이라 즉석 공부 프로그램이 있는데 참여해 볼까요?

추모하다　사당

이야기 보따리

 ## 하회마을 이야기

하회마을은 낙동강이 마을을 '휘감아 돈다'고 해서 하회마을이라고 한다. 하회마을은 전쟁의 피해도 없이 오늘날까지도 옛날 모습이 잘 보존되어 있는데 조선시대 양반들의 생활과 가옥의 발달을 보여주는 한국의 귀중한 문화재이다. 이 마을에는 예로부터 안동 하회탈이 유명하다. 안동 하회탈은 한국에서 가장 오래된 탈인데 허도령이 만들었다는 전설이 전해져오고 있다.

 ## 허도령 전설

하회마을에 안 좋은 일들이 계속 일어나자 마을 사람들의 걱정이 많았다. 어느 날 허도령의 꿈에 산신령이 나타나 다음과 같이 말했다. "아무도 모르게 14개의 탈을 만들어 춤을 추면 마을이 다시 평안해질 것이다. 그러나 만약 누군가 보게 되면 너는 죽게 될 것이다."

그날부터 허도령은 아무도 모르는 곳에서 탈을 만들었는데 14개째 탈인 '이매탈'을 만들 때 그를 좋아하던 처녀가 허도령을 찾아가 엿보게 되었다. 그러자 허도령은 마지막 '이매탈'의 턱을 완성하지 못하고 산신령의 말처럼 그 자리에서 죽고 말았다. 이때 만들어진 턱없는 이매탈은 오늘날 탈놀이에 사용되고 있다.

이매탈

탈놀이

산신령   도령   처녀   엿보다

확인해 봅시다

1. 다음 문장의 ( ) 안에 알맞은 말을 보기 에서 찾아 쓰세요.

보기	도령	처녀	산신령	매력적	공존하다	추모하다

(1) 산을 지키고 다스리는 신 ( )

(2) 죽은 사람을 그리워하다 ( )

(3) 총각을 대접하여 부르는 말 ( )

(4) 결혼하지 않은 여성을 이르는 옛말 ( )

(5) 사람의 마음을 끌어당기는 힘이 있는 것 ( )

(6) 두 가지 이상의 사물이나 현상이 함께 존재하다 ( )

2. 다음 문장이 맞으면 ○, 틀리면 X 표시하세요.

(1) 하회마을은 전쟁의 피해를 입었다. ( )

(2) 이매탈은 완성되지 못한 탈이 되었다. ( )

(3) 하회는 '물이 돌아서 간다'는 뜻이 있다. ( )

3. 다음 질문에 알맞은 답을 쓰세요.

(1) 경주의 특징은 무엇입니까?

_____

(2) 도산서당은 어떤 곳입니까?

_____

말해 봅시다

1. 허도령이 죽자 처녀는 어떻게 했을까요? 다음 이야기를 상상해서 이야기해 봅시다.

2. 안동의 유네스코 문화재를 한 가지 조사해서 발표해 봅시다.

여기 어때?

① 영주 부석사

절 이름이 부석사인 이유는 뒷마당에 있는 큰 바위가 땅에서 살짝 떠 있기 때문이다. 바위 밑으로 줄을 넣으면 통과된다고 한다.

② 경주 대릉원

경주에서 가장 규모가 큰 신라 고분들이 모여 있다. 천마총, 황남대총 등의 많은 유물이 있는 곳이다.

③ 독도

동해에 있으며 대한민국의 가장 동쪽에 있는 섬이다.

④ 포항 호미곶

한반도의 호랑이 꼬리 부분에 해당되는 부분이다.

뒷마당   살짝   고분   해당되다

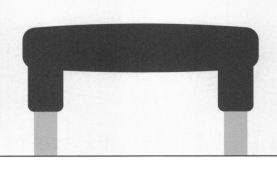

경상북도를 여행하면서 가장 기억에 남는 장소는 어디였습니까?
그 이유는 무엇입니까?

📋 장소

📋 이유

경상북도를 여행하면서 제일 인상적인 내용은 무엇이었습니까?
그 이유는 무엇입니까?

📋 내용

📋 이유

13장
대구

📖 팔공산은 어떤 의미가 있을까요? | 📖 갓바위에서 '갓'은 무엇일까요?

가 봅시다

 대구 지명 유래

가 : 대구는 다른 지역에 비해 땅이 넓은 것 같아요.

나 : 맞아요. 대구는 한자 그대로 하면 큰 마을이라는 의미예요. 혹시 대구의 원래 한글이름이 무엇인지 알아요?

가 : 대구의 한글이름이요? 글쎄요?

나 : 대구의 원래 한글이름은 '달벌'이었어요. 이때 '달'은 높다, 크다, 넓다라는 의미이고, '벌'은 마을이라는 의미예요. 그래서 달벌은 높고 넓은 마을인데 대구는 이것을 한자로 옮긴 거예요. 달벌을 달구벌이라고도 해요.

가 : 아~ 대구에 잘 어울리는 이름이에요.

나 : 그렇지요? 제 생각에도 대구에는 팔공산이라는 높은 산이 있고 그 아래에는 사람들이 살기 좋은 땅이 펼쳐져 있어서 달구벌이라는 이름이 잘 붙여진 것 같아요.

달구벌 관등놀이

달구벌 대종

옮기다

가 봅시다

 팔공산

가: 여기 팔공산 어때요?

나: 산을 오를 때 정말 힘들었는데 이렇게 정상에 도착하니 오길 잘한 것 같아요. 공기가 맑고 깨끗하네요. 그런데 왜 팔공산이라고 불러요?

가: 옛날 고려시대 때 태조라는 왕과 장수들이 공산에 갔어요. 그때 적을 만나 싸우다가 8명의 장수가 목숨을 잃게 되었어요. 그 이후로 공산을 팔공산이라 불렀어요.

나: 아~ 그렇군요. 그런데 지금 저 불상 앞에서 사람들이 뭐하는 거예요?

가: 저 불상은 팔공산 갓바위라고 하는데 갓바위에 기도를 하면 소원 하나씩은 꼭 이루어진다고 해서 기도를 하는 거예요.

나: 그렇다면 저도 갓바위에서 이번에는 꼭 시험에 합격하게 해 달라고 기도해야겠어요.

팔공산 갓바위

불상	적	장수

이야기 보따리

 ### 한국의 교육열

한국은 교육열이 매우 높다. 높은 교육열을 보여주는 대표적인 예로 대구 팔공산 갓바위를 들 수 있다. 한국의 많은 학부모들은 자녀들의 대학 합격을 위해 다양한 종교시설에서 백일기도를 하는 등 많은 정성을 들인다.

한국의 교육제도는 초등학교 6년, 중학교 3년, 고등학교 3년으로 이루어지는데, 의무교육은 중학교까지이다. 고등학교는 의무교육에 해당되지는 않지만 대부분의 학생들이 고등학교에 진학하고 있다. 대학교 진학률은 80% 정도에 이르는데 이는 OECD 회원국 중에서 가장 높다. 대학교에 진학하기 위해서는 대학수학능력시험을 치르는데 이는 대학진학을 위한 가장 중요한 시험이라고 할 수 있다.

자녀를 명문대학에 진학시키기 위한 한국의 높은 교육열은 우수한 인재를 길러냈고 이는 곧 한국의 급속한 경제성장으로 이어졌다. 하지만 한국의 지나친 교육열은 부정적인 면도 있다. 공교육 이외의 학원, 과외 등의 사교육으로 많은 비용이 들고, 치열한 경쟁으로 인해 많은 학생들은 정신적 스트레스를 받고 있다.

교육열   진학   가치관   인재   치열하다

확인해 봅시다

1. 다음 ( ) 안에 알맞은 말을 보기 에서 찾아 쓰세요.

보기	적	인재	장수	가치관	교육열	치열하다

(1) 싸움의 상대자　　　　　　　　　　　　　　　(　　　　　　　　)

(2) 교육에 대한 열정　　　　　　　　　　　　　　(　　　　　　　　)

(3) 군사를 지휘하는 대장　　　　　　　　　　　　(　　　　　　　　)

(4) 재주와 능력이 뛰어난 사람　　　　　　　　　　(　　　　　　　　)

(5) 경쟁이나 하는 일의 정도가 매우 높거나 뜨겁다　(　　　　　　　　)

(6) 자기를 포함한 세계나 대상에 주는 가치나 의미　(　　　　　　　　)

2. 다음 문장이 맞으면 ○, 틀리면 X 표시하세요.

(1) 한국의 고등학교와 대학교는 의무교육이 아니다.　　　　　(　　　)

(2) 공교육 이외의 학원, 과외 등을 사교육이라고 한다.　　　　(　　　)

(3) 한국의 대학 진학률은 다른 나라에 비해 낮은 편이다.　　　(　　　)

3. 다음 질문에 알맞은 답을 쓰세요.

(1) 팔공산이라 부르는 이유는 무엇입니까?

　　────────────────────────────────────

(2) 갓바위에서 사람들이 기도하는 이유는 무엇입니까?

　　────────────────────────────────────

1. 한국의 갓바위처럼 여러분 나라에서 바위와 관련된 이야기를 찾아 소개해 봅시다.

2. 여러분 나라의 교육제도나 교육열에 대해 이야기해 봅시다.

여기 어때?

1 서문시장

대구뿐만 아니라 전국에서도 유명한 전통시장으로 야시장도 열린다.

2 근대 골목

1900년대 이후의 변화를 알 수 있는 곳이다. 계산성당과 청라언덕 등의 다양한 볼거리가 있다.

3 수성못 유원지

수변 산책, 분수쇼, 야경을 한자리에서 즐길 수 있는 곳이다.

4 마비정 벽화마을

농촌 풍경이 벽화로 꾸며져 있고 농촌체험을 할 수 있는 곳이다.

야시장

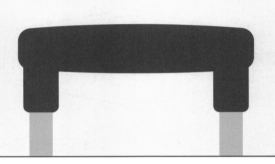

대구를 여행하면서 가장 기억에 남는 장소는 어디였습니까?
그 이유는 무엇입니까?

▤ 장소

▤ 이유

대구를 여행하면서 제일 인상적인 내용은 무엇이었습니까?
그 이유는 무엇입니까?

▤ 내용

▤ 이유

14장
경상남도

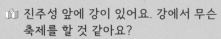

📖 진주성 앞에 강이 있어요. 강에서 무슨 축제를 할 것 같아요?

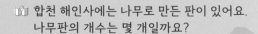

📖 합천 해인사에는 나무로 만든 판이 있어요. 나무판의 개수는 몇 개일까요?

가 봅시다

진주 진주성

가 : 저기 멀리 보이는 건물은 뭐예요?

나 : '촉석루'라는 누각이에요. 임진왜란(1592년~1597년) 때 '논개'라는 여자가 술에 취한 적과 함께 바위에 올라갔어요. 그리고 적을 안고 남강에 몸을 던진 곳으로 유명해요.

가 : 나라를 위해 목숨을 바쳤군요. 그런데 지금 밤인데도 왜 이렇게 사람들이 많아요?

나 : 지금 유등 축제기간이거든요. 저기 촉석루와 남강에 있는 유등이 보이지요?

가 : 다양한 크기의 모양의 유등이 정말 많네요.

나 : 과거에 전쟁할 때 유등은 가족의 안부를 전하는 통신수단이었다고 해요. 전쟁이 끝난 뒤에는 나라를 위해 목숨을 바친 분들을 기리고자 남강에 유등을 띄웠어요. 그 전통이 오늘날 유등 축제로 이어졌어요.

유등축제

진주성

누각   목숨을 받치다   유등   안부   통신수단   띄우다

가 봅시다

02

합천 해인사

가 : 해인사에 역사적으로 소중한 문화재가 있다고 들었어요.

나 : 맞아요. 공식 명칭은 '해인사 대장경판' 또는 '고려대장경'이에요. 불교 경전을 8만 1258개의 나무판에 새긴 거라서 보통 '팔만대장경'이라고 해요.

가 : 정말 많네요. 왜 불교 경전을 목판에 새겼어요?

나 : 고려시대에는 나라의 종교가 불교였어요. 고려는 여러 나라의 침입을 받았는데 몽골 침입 때 불교의 힘으로 나라를 지키기 위해 만들었어요.

가 : 약 800년 전에 만들어진 목판이 썩지도 않고 아직도 보존이 되어 있다고요?

나 : 네. 팔만대장경을 보존하는 건물이 통풍과 습도를 조절하도록 지어졌기 때문이에요. 만드는 과정에서도 비결이 있는데 같이 알아볼까요?

팔만대장경

경전 목판 썩다 보존 통풍 습도 조절하다 비결

팔만대장경 만드는 과정

① 전국의 좋은 나무를 골라 낸다.

② 나무가 썩지 않고 벌레가 먹지 않으며 단단해지도록 3년 동안 바닷물에 담가둔다.

③ 알맞은 크기로 자른 후 소금물에 삶는다.

④ 1년 동안 그늘에 말린다.

⑤ 대패로 다듬어 나무판을 만든다.

⑥ 내용을 쓴 종이를 붙이고 한 자 한 자 새긴다.

⑦ 한 장씩 찍어내어 틀린 글자를 찾아낸다.

⑧ 목판 모양이 바뀌지 않도록 나무를 덧붙인다. 그리고 옻칠을 하고 마무리한다.

골라 내다   단단하다   그늘   대패   새기다   덧붙이다   옻칠

---

1. 다음 (   ) 안에 알맞은 말을 보기 에서 찾아 쓰세요.

보기	비결	통풍	새기다	통신수단	골라내다	단단하다	덧붙이다

(1) 바람이 통하는 것   (   )

(2) 글씨나 모양을 파다   (   )

(3) 붙은 것에 다시 붙이다   (   )

(4) 부드럽지 않고 튼튼하다   (   )

(5) 여러 개 중에서 선택하다   (   )

(6) 세상에 알려져 있지 않은 뛰어난 방법   (   )

(7) 편지, 전화 등으로 소식을 전하는 방법   (   )

2. 다음 문장이 맞으면 ○, 틀리면 X 표시하세요.

(1) 진주의 유등 축제는 산에서 열린다.   (   )

(2) 팔만대장경은 고려 시대에 만들어졌다.   (   )

(3) 해인사의 팔만대장경은 기계를 이용했기 때문에 많은 판을 만들 수 있었다.   (   )

3. 팔만대장경을 만드는 과정을 순서대로 나열하세요. 그리고 각 과정을 설명해 보세요.

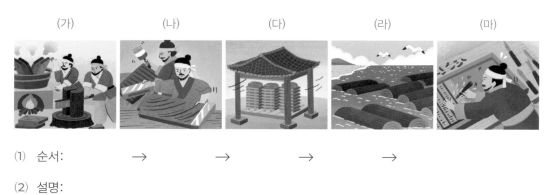

      (가)   (나)   (다)   (라)   (마)

(1) 순서: →   →   →   →

(2) 설명:

1. 만약 여러분 나라가 심각한 위기에 처한다면 여러분은 어떤 역할이나 행동을 할 수 있겠어요?

2. 여러분 나라에서 종교의 힘으로 나라의 위기를 극복하려고 했던 사건과 그와 관련있는 문화재를 찾아서 소개해 보세요.

여기 어때?

1 거제도

제주도에 이어 한국에서 두 번째로 큰 섬이다. 포로 수용소와 바람의 언덕 등 다양한 볼거리가 있다.

2 진해 여좌천

벚꽃축제로 유명한 곳이다. 주로 3월말부터 4월초까지 벚꽃이 핀다.

3 남해 독일마을

1960년대 독일에 파견된 광부와 간호사들이 다시 한국에 와서 정착해 사는 곳이다.

4 김해 수로왕릉

금관가야를 세운 김수로왕의 무덤이다. 수로왕은 인도 공주와 결혼했으며 김해 김 씨의 시조이다.

파견되다 광부 정착하다 무덤 시조

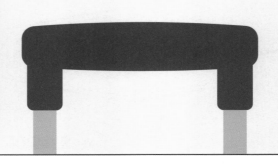

여행을
마무리하며

경상남도를 여행하면서 가장 기억에 남는 장소는 어디였습니까?
그 이유는 무엇입니까?

- 장소

- 이유

경상남도를 여행하면서 제일 인상적인 내용은 무엇이었습니까?
그 이유는 무엇입니까?

- 내용

- 이유

15장

울산

📖 간절곶에서는 1월 1일에 무엇을 할까요?

📖 한국의 대기업 중에서 울산과 관계있는 기업은 어디일까요?

가 봅시다

 태화강

가 : 울산에도 한강처럼 긴 강이 있네요? 이 강은 이름이 뭐예요?

나 : 태화강이라고 해요.

가 : 울산은 공장이 많아서 폐수 때문에 물이 더러울 것 같은데 어떻게 1급수 하천이 됐을까요?

나 : 태화강은 1970년대 이후에 공장에서 나오는 폐수 때문에 아주 더러웠어요. 하지만 최근 지역사회에서 노력한 끝에 지금의 1급수 하천이 됐어요.

가 : 물고기들이 이렇게 많이 사는 걸 보면 확실히 깨끗한 강이네요.

나 : 태화강에는 물고기뿐만 아니라 고니, 수달, 너구리 등 700여 종의 멸종위기 동물들이 서식하고 있어요. 이렇게 깨끗해진 덕분에 여기 태화강 대공원이 국가정원으로 승격되었어요.

1970년대

현재

폐수　서식　승격

간절곶

가 : 한국 육지에서 1월 1일에 해가 어디에서 가장 먼저 뜨는지 알아요?

나 : 해가 동쪽에서 뜨니까 포항에 있는 호미곶 아니예요?

가 : 그럴 것 같지만 울산에 있는 간절곶이 먼저 뜬대요. 왜냐하면 겨울에는 남쪽으로 갈수록 일출이 빨라지기 때문이에요. 호미곶보다 1분 더 빨리 떠요.

나 : 그러면 간절곶에 새해 첫 해를 보려는 사람들이 많겠네요.

가 : 맞아요. 간절곶에는 매년 새해 첫 날에 해맞이 축제를 해요. 사람들은 새해에 뜨는 해를 보면서 건강과 안녕을 기원하고 새로운 시작을 다짐하기도 해요.

간절곶 소망우체통

일출

안녕   다짐하다

이야기 보따리

 ### 불굴의 정주영

　현대 창업주 정주영 회장은 초등학교만 졸업하고도 한국 최대의 재벌이 된 인물이다. 그는 무에서 유를 창조한 불굴의 개척정신과 도전정신으로 한국을 세계적인 조선강국으로 이끌어낸 최고의 기업가이기도 하다.

　그에 대한 유명한 일화가 있다. 1970년대 한국에는 배를 만드는 조선소가 없었는데 정주영 회장이 조선소를 만들겠다고 하자 주위에서는 '경험이 없는데 어떻게 만드느냐'고 반대했다. 그러나 그는 포기하지 않고 외국에 있는 선박회사에 찾아가 배에 문제가 있으면 다시 돈을 돌려주겠다는 파격적인 조건으로 26만 톤짜리 배를 만드는 계약을 따냈다.

　정주영 회장은 조선소 사업처럼 한국에는 없었던 자동차 사업도 도전 정신으로 성공시켰으며 그 외에도 거의 모든 업종에 진출하여 오늘날의 현대그룹을 성장시킨 불굴의 기업가이다. 그는 한국 경제 발전의 중심에 있던 기업인이자 한국 최고의 부자였지만 검소함과 성실함으로 국민들에게 사랑과 존경을 받은 기업인으로 평가받는다.

| 재벌 | 무 | 유 | 불굴 | 개척정신 | 도전정신 | 조선소 | 계약 |

확인해 봅시다

1. 다음 (   ) 안에 알맞은 말을 [보기]에서 찾아 쓰세요.

보기	계약	멸종	불굴	승격	재벌	개척정신

(1) 지위나 등급이 상승하는 것 (   )

(2) 생물의 한 종류가 없어지는 것 (   )

(3) 온갖 어려움에도 포기하지 않음 (   )

(4) 아무것도 없는 것에서 새로운 길을 여는 정신 (   )

(5) 재계에서 큰 세력을 가진 자본가나 기업가의 무리 (   )

(6) 서로 지켜야 할 것에 대해 글 또는 말로 하는 약속 (   )

2. 다음 문장이 맞으면 O, 틀리면 X 표시하세요.

(1) 정주영은 세계 최초로 조선소를 만들었다. (   )

(2) 정주영은 국내 처음으로 자동차 공장을 만들었다. (   )

(3) 정주영은 현대 그룹을 성장시켜서 국민들에게 사랑을 받았다. (   )

3. 다음 질문에 알맞은 답을 쓰세요.

(1) 태화강 대공원이 국가정원으로 승격된 이유는 무엇입니까?

_____

(2) 한국 육지에서 새해의 해가 가장 먼저 뜨는 곳은 어디입니까? 그 이유는 무엇입니까?

_____

1. 여러분 나라에서는 새해에 무엇을 하는지 발표해 봅시다.

2. 여러분 나라에서 유명한 기업인에 대해 조사해서 발표해 봅시다.

여기 어때?

1 태화강 십리대숲

대나무숲이 태화강을 따라 십리(약4km)에 걸쳐 펼쳐져 있어서 '십리대숲' 이라고 부른다.

2 울산대공원

다양한 놀이시설과 동물원이 있는 대규모 공원으로 자전거도 탈 수 있는 곳이다.

3 반구대 암각화

선사시대의 그림이 새겨진 바위로 세계문화유산 잠정 목록에 등재된 중요한 유적지이다.

4 장생포 고래문화마을

고래잡이의 역사를 보존한 마을로 고래박물관을 통해 고래의 생태를 배울 수 있는 곳이다.

암각화   선사시대   잠정   고래   생태

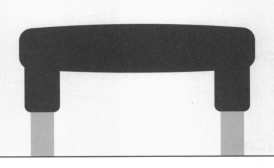

울산을 여행하면서 가장 기억에 남는 장소는 어디였습니까?
그 이유는 무엇입니까?

📋 장소

📋 이유

울산을 여행하면서 제일 인상적인 내용은 무엇이었습니까?
그 이유는 무엇입니까?

📋 내용

📋 이유

16장
부산

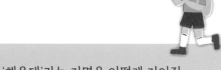

📖 부산에 왜 UN 기념공원이 있을까요?

📖 '해운대'라는 지명은 어떻게 지어진 것일까요?

가 봅시다

 태종대

가 : 부산의 대표적인 관광지가 '해운대' 잖아요. 해운대 말고 부산에는 태종대, 이기대도 있던데 모두 마지막 글자가 '대'로 끝나요. 공통점이 뭐예요?

나 : '대'라는 이름이 붙은 곳은 주변보다 높은 곳이에요. 그래서 경치가 좋은 곳이죠. 특히 태종 대는 높은 바위 절벽, 바다, 소나무가 어우러진 아름다운 풍경을 볼 수 있어요.

가 : 안내도를 보니까 태종대 전체를 한 바퀴 돌면서 구경할 수 있네요.

나 : 한 바퀴가 4km 정도 돼요. '다누비 열차'를 타고 구경할 수도 있고 시원한 바닷바람을 맞으 며 걸을 수도 있어요.

가 : 우리는 젊고 튼튼하니까 걸어갑시다.

공통점   안내도   바퀴

🗺️ UN 기념공원

가 : 11시가 다 됐네요. '턴 투어드 부산' 행사에 같이 참여할래요?

나 : 그게 뭐예요?

가 : 한국 전쟁에 참전하여 생명을 바친 외국 군인들을 기리기 위한 거예요. 11월 11일 11시에 1분 동안 전쟁 없는 평화를 위한 마음으로 부산을 향해 머리를 숙인다는 의미에서 '턴 투워드 부산(Turn Toward Busan)' 이라고 해요.

나 : 왜 부산을 향해 묵념을 해요?

가 : 부산에 UN 기념공원이 있어요. 이 공원은 그 당시 참전한 외국 군인들을 위한 곳이거든요. 평화를 위한 봉사정신과 희생을 기억하자는 뜻이에요.

나 : 딱 11시예요. 묵념합시다.

참전 희생 묵념 딱

이야기 보따리

부산 지명의 유래

해운대는 부산을 대표하는 곳이다. 해운대라는 이름은 남북국시대의 학자였던 최치원과 관련이 있다. 최치원이 고향으로 돌아가는 길에 우연히 현재의 해운대에 들렀는데, 소나무와 바다가 어우러진 경치에 감탄해 자신의 호인 '해운'을 바위에 새겼다고 한다. 이 바위는 해운대 동백섬에 가면 볼 수 있고 최치원 동상과 그의 시도 감상할 수 있다.

부산은 바다도 많지만 산도 많다. 장산, 금정산, 황령산 등이 유명한데 그 중에서 금정산은 부산에서 가장 높은 산이다. 금정산 정상에 큰 바위가 있는데 그곳의 샘물은 겨울에도 마르지 않으며 항상 금빛이라서 '금정산'이라고 불리게 되었다. 금정산에 걸쳐 있는 동래는 아주 옛날부터 부산의 중심지였다. 동래 근처의 '서면'은 동래의 서쪽에 있는 곳이라는 것에서 유래되었다. 오늘날 서면은 쇼핑의 중심지이자 먹거리, 즐길 거리가 많은 번화가이다.

또한 부산의 최대 해산물 시장인 자갈치는 해마다 가을에 열리는 축제에서 싱싱한 해산물을 맛볼 수 있다. 자갈치 근처에는 '국제시장'이 있다. 한국전쟁(1950~1953년) 때 미국 군인을 위한 물건과 함께 여러 나라의 상품들이 이곳으로 수입되면서 '국제시장'이라 불리게 되었다.

국제시장

금정산

| 시 | 감상하다 | 샘물 | 마르다 | 번화가 | 상품 | 수입 |

확인해 봅시다

1. 다음 주어진 것이 어울리도록 연결하세요.

(1) 샘물 •   • 좁은 길

(2) 수입 •   • 땅에서 솟아 나오는 물

(3) 골목길 •   • 두 개 또는 그 이상의 여럿 사이에 같은 점

(4) 공통점 •   • 머리를 숙이고 말없이 마음 속으로 기원하다

(5) 묵념하다 •   • 주로 예술 작품을 이해하여 즐기고 평가하다

(6) 감상하다 •   • 다른 나라로부터 물건이나 상품 등을 국내로 사오는 것

2. 다음 문장이 맞으면 O, 틀리면 X 표시하세요.

(1) 바다가 많은 부산에서는 산을 거의 볼 수 없다.   (   )

(2) '국제시장'은 많은 외국인들이 와서 쇼핑하기 때문에 생긴 이름이다.   (   )

(3) '해운대'는 옛날 최치원이 자신의 호를 바위에 새긴 것에서 유래된 지명이다.   (   )

3. 다음 질문에 알맞은 답을 쓰세요.

(1) '해운대', '태종대', '이기대'의 공통점이 무엇입니까?

_____

(2) 매년 11월 11일 11시에 '턴 투워드 부산(Turn Toward Busan)' 행사를 하는 이유는 무엇입니까?

_____

말해 봅시다

1. 여러분 나라의 지역 명칭 중에서 유래가 있는 것을 찾아 소개해 보세요.

2. 과거에 여러분 나라가 다른 나라의 도움을 받은 적이 있어요? 그 당시 상황과 그 이후의 영향이나 결과를 조사해 발표해 보세요.

여기 어때?

1 광안리

해운대와 남천동을 연결하는 광안대교가 있다. 매주 토요일 진행되는 드론 쇼와 매년 가을에 진행되는 불꽃 축제를 즐길 수 있다.

2 감천 문화마을

한국 전쟁 때 피난민들에 의해 만들어진 곳이다. 산비탈을 따라 계단식으로 지어진 집들과 미로 같은 골목길이 있다.

3 기장 용궁사

동해를 향해 있는 사찰로 유명하다. 새해 첫날에는 많은 사람들이 해돋이를 보러 간다.

4 다대포 해수욕장

해가 지는 오후에 가면 바다와 어우러지는 해넘이를 볼 수 있다.

피난민   산비탈   미로   골목길   해넘이

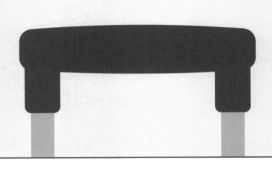

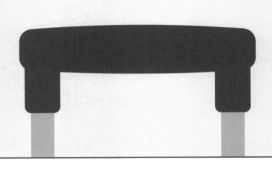 부산을 여행하면서 가장 기억에 남는 장소는 어디였습니까?
그 이유는 무엇입니까?

📋 장소

📋 이유

 부산을 여행하면서 제일 인상적인 내용은 무엇이었습니까?
그 이유는 무엇입니까?

📋 내용

📋 이유

17장
제주도

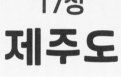

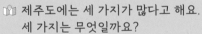
📖 제주도에는 세 가지가 많다고 해요.
세 가지는 무엇일까요?

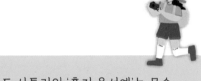
📖 제주도 사투리인 '혼저 옵서예'는 무슨
뜻일까요?

가 봅시다

  한라산과 돌하르방

가: 제주도 한라산과 성산 일출봉은 화산 폭발로 생긴 곳이라고 들었어요.

나: 맞아요. 화산 폭발이 있었기 때문에 제주도에서는 '현무암'을 흔히 볼 수 있어요.

가: 구멍이 많은 검정색 돌이지요?

나: 네. 현무암으로 만든 돌하르방은 제주도의 상징이기도 해요.

가: 돌하르방요? 돌은 알겠는데 하르방은 무슨 뜻이에요?

나: 하르방은 할아버지의 제주도 사투리예요.

성산 일출봉

한라산과 돌하르방

화산 폭발 구멍 사투리

가 봅시다

 제주 사투리

가 : 제주도 사투리는 정말 재미있는 것 같아요.

나 : 그렇죠. 제주도에 온 김에 재미있는 사투리를 배워볼까요?

☞ "혼저 옵서예" : 어서 오세요.　　　☞ "놀멍 놀멍 봅서" : 천천히 보세요.

☞ "안녕하쑤꽈?" : 안녕하세요?　　　☞ "재개재개", "재기재기" : 빨리빨리

☞ "어디 가쑤꽈?" : 어디 가요?　　　☞ "호꼼만 이십서게" : 조금만 계세요.

☞ "알아수다" : 알겠습니다.　　　　☞ "폭싹 속았쑤다" : 정말 수고하셨습니다.

수고하다

이야기 보따리

'삼다도'라 불리는 제주도

한국 남쪽에 있는 제주도는 가장 큰 섬이자 대표적인 휴양지이다. 제주도는 예로부터 여자, 돌, 바람이 많아 '삼다도'라고 불렸다. 제주도에 여자가 많이 보이는 것은 남자들이 고기를 잡으러 바다에 갔기 때문이다. 제주도에서 흔히 볼 수 있는 현무암은 돌담을 쌓는 데에도 사용되었다. 농부가 일하는 밭에도, 집들이 옹기종기 모여 있는 마을에도, 해녀가 물질하는 바닷가에서도 돌담을 볼 수 있다.

바람은 제주도 사람들의 생활 전반에 큰 영향을 주었다. 특히 전통적인 제주도 집에는 평상시에도 부는 강한 바람과 잦은 태풍 때문에 대문이 없었다. 일반적인 대문 대신에 돌기둥인 정주석에 나무로 된 정낭을 걸쳐두어 집주인이 집에 있는지 없는지를 알렸다. 이처럼 정주석과 정낭은 강한 바람이 많이 부는 제주도의 기후적 한계를 극복하면서도 이웃과 어울려 살아가는 제주도 사람들의 특징을 잘 반영한 생활 방식이었다.

집에 있음

잠시 외출 중

오늘 중으로 돌아옴

멀리 외출 중

| 휴양지 | 돌담 | 옹기종기 | 물질 | 평상시 | 잦다 | 걸쳐두다 | 한계 |

확인해 봅시다

1. 다음 ( ) 안에 알맞은 말을 보기 에서 찾아 쓰세요.

보기	폭발	대문	해녀	사투리	휴양지	옹기종기

(1) 문 또는 집의 출입문 (   )

(2) 어느 한 특정 지역에서만 쓰이는 말 (   )

(3) 쉬면서 몸과 마음을 편안하게 하는 곳 (   )

(4) 바닷속에 들어가 해산물을 채취하는 여자 (   )

(5) 크기가 작은 것들이 군데군데 많이 모여 있는 모양 (   )

(6) 속에 쌓여 있던 것이 갑자기 밖으로 나오거나 터지는 것 (   )

2. 다음 문장이 맞으면 O, 틀리면 X 표시하세요.

(1) 제주도에는 돌, 바람, 섬이 많아서 '삼다도'라고 불린다. (   )

(2) 제주도의 현무암은 돌하르방을 만드는 데에만 사용되었다. (   )

(3) 제주도 옛날 집에 대문이 없었던 이유는 강한 바람과 관련이 있다. (   )

3. 다음 그림의 의미가 무엇인지 알맞은 것끼리 연결해 봅시다.

(1) •   • 들어오세요. 주인이 집에 있어요.

(2) •   • 들어오지 마세요. 주인이 없어요.

(3) •   • 먼 곳에 갔어요. 한참 후에 오세요.

(4) •   • 가까운 곳에 갔어요. 잠시 후에 오세요.

말해 봅시다

1. 여러분 나라에서 휴양지로 유명한 곳은 어디입니까? 그곳이 유명한 이유와 즐길 거리는 무엇이 있는지 소개해 보세요.

2. 여러분 나라에도 각 지역마다 사투리가 있습니까? 각 지역과 사투리의 특징에 대해 소개해 보세요.

여기 어때?

1 올레길

제주도에서 걷기 여행이라는 취지로 개발된 길로 27개 코스로 총 437km이다.

2 정방 폭포

천제연 폭포, 천지연 폭포, 정방 폭포는 제주 3대 폭포이다. 특히 정방 폭포는 바다로 물이 떨어지는 폭포이다.

3 해녀 박물관

제주의 상징인 '해녀'를 주제로 다양한 모습을 알 수 있다.

4 마라도

한국의 가장 남쪽에 위치한 섬으로 제주도에서 배로 30분 정도 걸린다.

취지 폭포

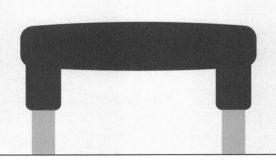

제주도를 여행하면서 가장 기억에 남는 장소는 어디였습니까?
그 이유는 무엇입니까?

🗨 장소

🗨 이유

제주도를 여행하면서 제일 인상적인 내용은 무엇이었습니까?
그 이유는 무엇입니까?

🗨 내용

🗨 이유

부록

- 🧳 모범 답안
- 🧳 어휘 목록

모범 답안

1장

1.

(1) 단풍 — 가을에 나뭇잎이 빨간 색이나 노란색으로 바뀌는 것

(2) 경치 — 산이나 들, 강, 바다 등의 자연

(3) 끈기 — 쉽게 포기하지 않고 끝까지 견디는 마음

(4) 뚜렷하다 — 아주 분명하다

(5) 섬세하다 — 자세하고 가늘다

2.

(1) ○　(2) X　(3) X　(4) ○

3.

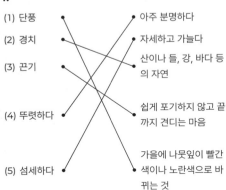

(1) — 무궁화 — 한국을 상징하는 꽃

(2) — 태극 — 음양의 조화

(3) 건 — 하늘

(4) 곤 — 땅

(5) 감 — 물

(6) 리 — 불

2장

1.

(1) 건국하다　(2) 연회　(3) 연못　(4) 침입
(5) 백성　(6) 수도

2.

(1) ○　(2) ○　(3) X

3.

(1) 병사들이 장마 기간에 먼 거리를 걸어오면서 너무 지쳐 명나라를 공격할 수 없는 상태였기 때문이다.

(2) 농사지을 땅을 빼앗기거나 많은 세금을 내야 해서 힘들고 가난한 생활을 하고 있었다.

(3) 한강이 흐르고 있어 교통이 편리하고 산으로 둘러싸여 있어 다른 나라의 침입을 막기에도 좋은 곳이었다.

3장

1.

(1) 밝혀지다　(2) 휴전　(3) 개방하다　(4) 작전
(5) 지위　(6) 구분하다

2.

(1) ○　(2) X　(3) X

3.

(1) 전쟁이 시작된 후 사흘 만에 서울을 빼앗겼고 한 달 만에 낙동강 근처를 제외한 나머지 지역을 빼앗겼다.

(2) 인천은 서울에서 가까운 곳이지만 당시 북한군은 낙동강 지역을 빼앗는 일에 집중하고 있어 인천을 크게 신경 쓰지 않았기 때문이다.

(3) 전쟁이 계속되다가 1953년에 휴전이 이루어졌으며 남한과 북한을 구분하는 지금의 휴전선이 생겼다.

4장

1.

(1) 일상　(2) 효도　(3) 이국적　(4) 분장하다
(5) 명당　(6) 억울하다

2.

(1) X　(2) ○　(3) X

3.

(1) 아버지가 조선의 복잡한 정치적 상황 때문에 억울하게 죽었다.

(2) 작고 초라한 아버지의 무덤을 안타깝게 생각했기 때문이다.

(3) 수원화성 안에 있는 행궁에서 지냈다.

모범 답안

5장

1.
(1) 특별하다   (2) 총각   (3) 폭우   (4) 분단
(5) 전설   (6) 민요

2.
(1) ○   (2) ○   (3) ○

3.
(1) 지역마다 다양한 아리랑이 있다. 모든 아리랑에는 '아리
    랑, 아리랑, 아라리오'라는 가사가 공통적으로 반복된다.
(2) 밤사이 내린 폭우로 배가 뜰 수 없게 되었다.

6장

1.
(1) 교리   (2) 달래다   (3) 가치   (4) 봉우리
(5) 한편   (6) 별명

2.
(1) ○   (2) X   (3) ○

3.
(1) 삼봉산이 물길을 막아 단양사람들이 피해를 보고 있어서
(2) 불교의 교리와 실천하는 방법

7장

1.
(1) 지저분하다   (2) 인정   (3) 반하다   (4) 일석이조
(5) 인연   (6) 인공

2.
(1) ○   (2) X   (3) X

3.
(1) 피부를 맑고 건강하게 해 준다.
(2) 한 가지 일로 두 가지 이득을 보다.

8장

1.
(1) 전국   (2) 출산   (3) 만삭   (4) 개최되다
(5) 여기다   (6) 으뜸   (7) 측정하다

2.
(1) ○   (2) X   (3) X   (3) ○

3.
(1) 측우기
(2) 최신의 과학 기술과 의학 기술
(3) 대전

9장

1.
(1) 강요   (2) 당일치기   (3) 부채   (4) 벌하다
(5) 당장   (6) 훈련장

2.
(1) ○   (2) X   (3) X

3.
(1) 만남: 광한루에서 우연히 이몽룡과 춘향이 만나게 된다.
(2) 이별: 이몽룡의 아버지가 한양으로 가게 되어 이몽룡과
    춘향은 어쩔 수 없이 헤어진다.
(3) 위기: 남원에 새로 온 사또 변학도가 춘향에게 수청을 들
    라고 강요한다. 춘향이 자신의 말을 듣지 않자 사또
    는 춘향을 감옥에 가둔다.
(4) 결말: 이몽룡은 암행어사가 되어 나타나 변학도를 벌하고
    춘향을 구한다. 두 사람은 다시 만나 사랑을 이루고
    행복하게 살아간다.

모범 답안

10장

1.
(1) 전투 (2) 물살 (3) 폭 (4) 해안
(5) 정원 (6) 멸종

2.
(1) X (2) ○ (3) X

3.
(1) 바다가 울음소리를 내면서 지나가는 곳이라는 뜻이다.
(2) 물살도 세지고 물소리도 커진다.
(3) 이순신 장군은 울돌목의 물살이 세고 빠르다는 점을 이용해 바다 위 전투에서 크게 승리했는데 이 전투가 '명량 해전'이기 때문이다.

11장

1.

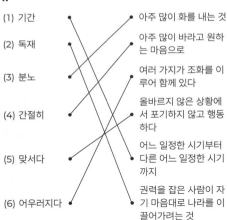

(1) 기간	아주 많이 화를 내는 것
(2) 독재	아주 많이 바라고 원하는 마음으로
(3) 분노	여러 가지가 조화를 이루어 함께 있다
(4) 간절히	올바르지 않은 상황에서 포기하지 않고 행동하다
(5) 맞서다	어느 일정한 시기부터 다른 어느 일정한 시기까지
(6) 어우러지다	권력을 잡은 사람이 자기 마음대로 나라를 이끌어가려는 것

2.
(1) ○ (2) X (3) X (4) ○

3.
(1) 이미 군사 독재를 경험했던 국민들은 또 다른 군사 독재가 시작되는 것을 원하지 않았기 때문이다.
(2) 5.18 민주화운동

12장

1.
(1) 산신령 (2) 추모하다 (3) 도령 (4) 처녀
(5) 매력적 (6) 공존하다

2.
(1) X (2) ○ (3) X

3.
(1) 유네스코에 등재된 세계 문화유산이 한국에서 가장 많이 있는 곳
(2) 퇴계 이황 선생님이 직접 건물을 지어서 제자들을 가르치던 곳

13장

1.
(1) 적 (2) 교육열 (3) 장수 (4) 인재
(5) 치열하다 (6) 가치관

2.
(1) ○ (2) ○ (3) X

3.
(1) 옛날 고려시대 때 태조라는 왕과 장수들이 공산에서 적을 만나 싸우다가 8명의 장수가 목숨을 잃어서 팔공산이라 부르게 되었다.
(2) 갓바위에 기도를 하면 소원 하나씩은 꼭 이루어지기 때문이다.

14장

1.
(1) 통풍 (2) 새기다 (3) 덧붙이다 (4) 단단하다
(5) 골라내다 (6) 비결 (7) 통신수단

2.
(1) X (2) ○ (3) X

모범 답안

3.

(1) 라 → 가 → 다 → 마 → 나

(2) (라) 좋은 나무를 골라 3년 동안 바닷물에 담근다.

　　(가) 알맞은 크기로 자른 후 삶는다.

　　(다) 그늘에서 말린다.

　　(마) 글자를 새긴다.

　　(나) 나무를 덧붙이고 옻칠을 한다.

15장

1.

(1) 승격　(2) 멸종　(3) 불굴　(4) 개척정신

(5) 재벌　(6) 계약

2.

(1) X　(2) ○　(3) X

3.

(1) 최근 지역사회에서 노력한 끝에 지금의 1급수 하천이 되었다.

(2) 간절곶. 겨울에는 남쪽으로 갈수록 일출이 빨라지기 때문이다.

16장

1.

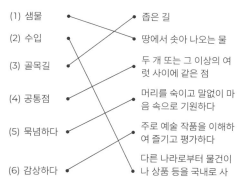

(1) 샘물 ── 땅에서 솟아 나오는 물

(2) 수입 ── 다른 나라로부터 물건이나 상품 등을 국내로 사 오는 것

(3) 골목길 ── 좁은 길

(4) 공통점 ── 두 개 또는 그 이상의 여럿 사이에 같은 점

(5) 묵념하다 ── 머리를 숙이고 말없이 마음 속으로 기원하다

(6) 감상하다 ── 주로 예술 작품을 이해하여 즐기고 평가하다

2.

(1) X　(2) X　(3) ○

3.

(1) 주변보다 높은 곳이라서 경치가 좋다.

(2) 한국 전쟁에 참전하여 생명을 바친 외국 군인들을 기리기 위한 것이다.

17장

1.

(1) 대문　(2) 사투리　(3) 휴양지　(4) 해녀

(5) 옹기종기　(6) 폭발

2.

(1) X　(2) X　(3) ○

3.

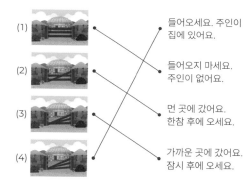

(1) ── 먼 곳에 갔어요. 한참 후에 오세요.

(2) ── 가까운 곳에 갔어요. 잠시 후에 오세요.

(3) ── 들어오세요. 주인이 집에 있어요.

(4) ── 들어오지 마세요. 주인이 없어요.

어휘 목록

단원	한국어	영어	중국어	일본어	베트남어
	궁금하다	to be curious / to wonder	好奇、想知道	気になる	tò mò
	삼면	three sides	三面	三面	ba mặt
	뚜렷하다	to be clear / distinct	清楚、明顯	はっきり	rõ ràng
	습하다	to be humid	潮濕	じめじめする	ẩm ướt
	선선하다	to be cool / slightly chilly	涼爽、微涼	涼しい	mát mẻ
	단풍	autumn leaves / fall foliage	紅葉、秋葉	紅葉	lá mùa thu
	모서리	corner	角、角落	角、ふち	góc
	음양	yin and yang	陰陽	陰陽	âm dương
	조화	harmony	調和	調和	hoà hợp
	영원히	forever	永遠	永遠に	vĩnh viễn
	꽃말	language of flowers / flower symbolism	花語、花的象徵意義	花言葉	ngôn ngữ của các loài hoa
1	섬세하다	to be delicate / sensitive / meticulous	精細、敏感、細致	繊細、細心の	tinh tế
	일편단심	single-minded devotion	一片丹心、忠心耿耿	一途、終始一貫	một lòng một dạ
	끈기	persistence / tenacity / steadiness	毅力、堅韌、穩定性	根気、粘り強さ	kiên trì
	문화재	cultural heritage	文化遺産	文化財	di sản văn hoá
	전시	exhibition	展覽	展示	triển lãm
	넓히다	expand / broaden	擴大、拓寬	広げる	mở rộng
	민속문화	folk culture	民俗文化	民族文化	văn hoá dân tộc
	의식주	food, clothing, and shelter / the necessities of life	衣食住行、基本生活需求	衣食住	cơm ăn áo mặc chỗ ở
	집무실	official workroom /office	辦公室、辦公場所	執務室	văn phòng làm việc
	관저	official residence	官邸	官邸	dinh thự
	연못	pond	池塘	池	ao sen
	연회	banquet	宴會	宴会	yến tiệc
2	수도	capital city	首都	首都	thủ đô
	침입	invasion	入侵	侵入	sự xâm nhập
	무술	martial arts	武術	武術	võ thuật

단원	한국어	영어	중국어	일본어	베트남어
2	백성	the people / the common people/ the subjects	百姓、老百姓、國民	国民、民衆、民	người dân
	세금	tax	税金	税金	tiền thuế
	건국하다	to found a nation	建國	建国する	lập nước
	가로지르다	to cross (over)	橫跨、穿越	横切る、横断する	băng ngang qua
	조성되다	to be built / be established	被建成、被設立	作られる、組織する	được tạo thành
	각지	various regions / various places	各地	各地	các khu vực khác nhau
3	개방하다	to open up	開放	開放する	mở ra
	색다르다	to be unique / different / unusual	獨特、與衆不同、新奇	異様だ、風変わりだ	khác lạ
	특이하다	to be unusual / unique	奇特、獨特	変わっている、珍しい、ユニークだ	độc đáo
	밝혀지다	to be revealed / be discovered	被揭示、被發現	明らかになる	được làm sáng tỏ
	지위	status / position	地位、身份	地位、肩書	địa vị xã hội
	쳐들어오다	to invade / intrude	入侵、侵入	攻め込んで来る	ập đến
	상륙하다	to land / arrive	登陸、到達	上陸する	đổ bộ
	작전	operation / strategy	作戰、戰略	作戦	tác chiến
	휴전	ceasefire / truce	停戰、休戰	休戦	đình chiến
	구분하다	to distinguish / separate	區分、分離	区別する	phân loại
	오락	entertainment / amusement	娛樂、消遣	娯楽、エンターテイメント	giải trí
	고층	high-rise / tall (building)	高層	高層	cao tầng
	실향민	displaced people	流離失所者	避難民	người tha hương
	자갈	pebble	鵝卵石、礫石	砂利、小石	viên sỏi
	깔리다	to be covered with / to be laid	被覆蓋、鋪設	敷かれる	được trải ra
4	통째로	whole / altogether / entirely	整個地、完整地	丸ごと	nguyên, trọn
	일상	daily life	日常生活	日常	thường nhật
	분장하다	to dress up / make up	化妝、裝扮	扮装する	hoá trang

어휘 목록

단원	한국어	영어	중국어	일본어	베트남어
4	이국적	to be exotic	異國風情的	異国風の、異国情緒の	mang tính ngoại quốc
	억울하다	to feel wronged/ to feel unfairly treated / to feel unjustly	感到委屈、不公平	悔しい、やりきれない	oan ức
	안타깝다	to be painful / to be regrettable	遺憾、可惜	残念だ、気の毒だ	tiếc nuối
	초라하다	to be shabby	寒酸、簡陋	みすぼらしい	tồi tàn
	명당	propitious site (for a grave) / perfect spot / prime location	風水寶地、最佳地點	〜するのに良いところ	vị trí đắc địa
	효도	filial piety	孝道、孝順	親孝行	hiếu thảo
	폐광	abandoned mine	廢弃礦山	廃鉱	mỏ hoang
	동굴	cave	洞穴	洞窟	hang động
	일몰	sunset	日落	日没	hoàng hôn
	명소	tourist attraction / famous spot	名勝、著名景點	名所	danh lam thắng cảnh
	출판사	publisher / publishing company	出版社	出版社	nhà xuất bản
5	지폐	paper money/ bill / banknote	紙幣、鈔票	紙幣	tiền giấy
	시인	poet	詩人	詩人	nhà thơ
	학자	scholar	學者	学者	học giả
	비무장지대	demilitarized zone (DMZ)	非武裝地帶 (DMZ)	非武装地域	khu phi quân sự
	분단	division	分裂	分断	chia cắt
	설치하다	to install / set up	安裝、設置	設置する	thiết lập
	비우다	to vacate / be empty	騰空、清空	空にする	bỏ trống
	특별하다	to be special	特別	特別だ	đặc biệt
	신분증	ID card	身份證	身分証	chứng minh thư
	민요	folk song	民謠	民謡	dân ca
	가사	lyrics	歌詞	歌詞	lời bài hát
	전설	legend	傳説	伝説	truyền thuyết
	총각	bachelor / single (unmarried) man	單身漢、未婚男子	独身男性、青年	trai tân
	동백꽃	camellia flower	山茶花	椿の花	hoa sơn trà

어휘 목록

단원	한국어	영어	중국어	일본어	베트남어
5	폭우	heavy rain / downpour	暴雨	暴雨	mưa lớn
	조각	sculpture / piece	雕塑、碎片	切れ端、欠片	miếng, mảnh
	서핑	surfing	衝浪	サーフィン	lướt sóng
6	봉우리	peak	山峰	峰	đỉnh núi
	인쇄본	printed copy / edition	印刷本、版本	印刷版	bản in
	교리	doctrine	教義	教理、教え	giáo lý
	가치	value / worth	價值	価値	giá trị
	등재	registration / listing	登載、列入	登載	đăng ký, đăng tải
	한편	on the other hand / meanwhile	另一方面、同時	一方	mặt khác
	별명	nickname	綽號、昵稱	あだ名	biệt danh
	울보	crybaby	愛哭鬼	泣き虫	đứa trẻ hay khóc nhè, đồ mít ướt
	달래다	to pacify / soothe / comfort	安慰、撫慰、勸解	慰める、紛らわす、なだめる	dỗ dành
	고집을 부리다	to be stubborn	固執己見、執拗	意地を張る	bướng bỉnh
	생활터전	livelihood / living environment	生計、生活環境	生活の場、拠り所	môi trường sống
	재현하다	to reproduce / reenact	再現、重現	再現する	tái hiện
7	인공	artificial	人工	人工	nhân tạo
	머드	mud	泥漿	泥	bùn
	지저분하다	to be messy / dirty	臟亂、雜亂	汚い	bẩn
	일석이조	killing two birds with one stone	一石二鳥、一舉兩得	一石二鳥	một công đôi việc
	홀어머니	single mother	單親母親	シングルマザー	người mẹ goá bụa
	인연	match / connection / relationship	緣分	縁	nhân duyên
	반하다	to fall in love	愛上、迷上	惚れる、好きになる	phải lòng
	인정	acknowledgment / recognition	承認、認可	認める	thừa nhận
	유물	artifact / antiquity / relic	文物、古物	遺物	di vật
	복합	complex / multiple	復合、多重	複合	phức hợp

어휘 목록

단원	한국어	영어	중국어	일본어	베트남어
8	전국	nationwide	全國	全国	toàn quốc
	연결되다	to be connected	被連接	繋ぐ、連結する	được kết nối
	개최되다	to be held	舉辦、召開	開催される	được tổ chức
	공식	to be official	官方、正式	公式	chính thức
	명칭	name / designation	名稱	名称	danh xưng
	최신	latest	最新	最新	tối tân
	동상	statue	銅像、雕像	銅像	tượng đồng
	측정하다	to measure	測量	測定する	đo lường
	으뜸	best / top	最佳、頂尖	最上、一番	đứng đầu
	한자	Chinese character	漢字	漢字	hán tự
	만삭	full term	(懷孕)足月、妊娠期滿	臨月	cuối thai kì
	노비	slave / servant	奴婢、僕人	奴婢、奴隷	nô tỳ
	출산	childbirth	分娩、生育	出産	sanh đẻ
	여기다	to consider	認爲、看作	思う、感じる	xem như là
	정책	policy	政策	政策	chính sách
	채용하다	to hire / recruit	雇用、錄用	採用する	tuyển dụng
	스승	teacher / master	老師、師父	師匠	thầy
	수질	water quality	水質	水質	chất lượng nước
	노천	open-air	露天	露店	lộ thiên
	족욕	foot bath	足浴	足湯	ngâm chân, tắm chân
	첨단 과학	advanced science / high-tech	尖端科學、高科技	先端科学	khoa học công nghệ hiện đại
9	부드럽다	to be soft	柔軟、温柔	柔らかい	mềm mại
	찢어지다	to get torn / be ripped	被撕裂、破裂	破れる、裂ける	bị rách
	규모	scale / size	規模	規模	qui mô
	훈련장	training ground	訓練場	トレーニング場、訓練場	sân tập huấn
	시범공연	demonstration performance	示範表演	デモンストレーション	diễn làm mẫu
	당장	right away / right now	立刻、馬上	すぐ、今すぐ	ngay lập tức

어휘 목록

단원	한국어	영어	중국어	일본어	베트남어
9	당일치기	one-day trip	一日往返、當天往返	日帰り	trong ngày
	소설	novel	小説	小説	tiểu thuyết
	강요	coercion / pressure	强迫、迫使	強制	cưỡng ép
	감옥	prison	監獄	刑務所	nhà tù
	갇히다	to be locked / imprisoned	被監禁、被關	閉じ込められる	bị giam
	벌하다	to punish	懲罰	罰する	phạt
	종합	composite / comprehensive	綜合	総合	sự tổng hợp
	위기	crisis	危機	危機	nguy cơ
	국악	traditional Korean music	國樂、韓國傳統音樂	韓国伝統音楽、国楽	nhạc truyền thống hàn quốc
	발효	fermentation	發酵	発酵	lên men
	청자	celadon	青瓷	青磁	đồ gốm sứ xanh ngọc bích
	절벽	cliff	懸崖	絶壁、崖	vách đá
10	해안	coast	海岸	海岸	bờ biển
	이어지다	to be continued / connected	連接、持續	続く、繋がる	được tiếp nối
	펼쳐지다	to spread / stretch out	展開、延伸	広がる	lan rộng ra
	정원	garden	花園	庭園、庭	vườn
	습지	wetland	濕地	湿地	vùng đất ẩm
	멸종	extinction	滅絶	絶滅	tuyệt chủng
	오염되다	to be polluted	被污染	汚染される	bị ô nhiễm
	지명	place name	地名	地名	địa danh
	폭	width	寬度	幅	bề rộng
	통과하다	to pass	通過	通過する	thông qua
	물살	water current	水勢、水流	水流、水の流れる勢い	dòng nước
	승리하다	to win / triumph	勝利、戰勝	勝つ	chiến thắng
	전투	battle / combat	戰鬥、作戰	戦闘、戦い	chiến đấu
	줄짓다	to line up	排隊、（使）列隊	並ぶ、列をなす	xếp hàng

단원	한국어	영어	중국어	일본어	베트남어
10	가로수	tree-lined street / street trees	行道樹、林蔭樹	並木	cây bên đường
	생산지	producing area / production site	産地	生産地	nơi sản xuất
	일주	circumnavigation	一周、一圈	1周	vòng quanh
	신비하다	to be mysterious	神秘的	神秘的だ	thần bí
11	작품	work (of art) / piece / creation	作品、創作	作品	tác phẩm
	꽤	quite / fairly	相當、頗爲	かなり	khá
	어우러지다	to blend / harmonize	融合、和諧	混ざり合う、調和する	hài hoà
	선교사	missionary	傳教士	宣教師	người truyền giáo
	서양문물	Western civilization	西洋文物、西方文明	西洋文明	văn hoá tây phương
	나누다	to share	分享	分かち合い、分配	chia sẻ
	공동체 정신	spirit of community	集體精神、社區精神	共同体意識	tinh thần cộng đồng
	녹이다	to melt / warm up	使融化	溶かす	làm tan ra
	민주화	democratization	民主化	民主化	dân chủ hóa
	독재	dictatorship	獨裁	独裁	độc tài
	시위	protest / demonstration	示威、抗議	デモ	biểu tình
	분노	anger	憤怒	憤り、怒り	sự phẫn nộ
	맞서다	to confront / fight against	對抗、抵抗	立ち向かう、対立する	đối đầu
	무력	force / military force	武力、武裝	武力	vũ lực
	진압	suppression / quelling	鎮壓	鎮圧	trấn áp, đàn áp
	간절히	earnestly / desperately	懇切地、渴望地	切に、ひたすら	một cách thiết tha
	항쟁	resistance / struggle	抗爭、鬥爭	抗争	sự đấu tranh
	지정하다	to designate / appoint	指定、任命	指定する	chỉ định
	지질	geological features	地質	地質	động đất
	제사	ancestral rites / memorial ceremony	祭祀	先祖の祭祀、法事	cúng tế, cúng giỗ
	교류	exchange / interaction	交流、互動	交流	giao lưu

단원	한국어	영어	중국어	일본어	베트남어
12	매력적	to be attractive / charming	有魅力的、吸引人的	魅力的	hấp dẫn
	천년고도	a capital city of thousand years	千年古都	古都	cố đô ngàn năm
	추모하다	to commemorate / mourn	追悼、緬懷	追悼する	tưởng niệm
	사당	shrine / ancestral hall	祠堂	祠堂、神殿	từ đường
	산신령	mountain spirit / mountain god	山神	山神、山霊	vị sơn thần
	도령	[doryeong] historically used for a youngman of a noble family	公子、少爺	坊ちゃん、若様	chàng thanh niên, công tử
	처녀	unmarried woman single woman / vmaiden / virgin	未婚女子、處女	未婚の女性	cô gái trẻ chưa kết hôn
	엿보다	peek / glance at	偷看、窺視	覗く、盗み見る	nhìn trộm
	뒷마당	backyard	後院	裏庭	sân sau
	살짝	slightly	稍微、輕輕地	こっそり、少し	khẽ, phớt
	고분	ancient tomb / burial mound	古墳、古墓	古墳	mộ cổ
	해당되다	to correspond / be equivalent	相當于、被認爲是	該当する、当てはまる	được xem là, được áp dụng
13	옮기다	to move / transfer / shift	搬移、轉移	移す、運ぶ	dịch chuyển, di dời
	불상	Buddha statue	佛像	仏像	tượng phật
	적	enemy	敵人	敵	kẻ địch
	장수	general / commander	將軍、統帥	将帥、将軍	tướng soái
	교육열	enthusiasm for education / zeal for education	教育熱情、教育熱潮	教育熱	nhiệt huyết giáo dục
	진학	entrance into a higher education	升學、入學	進学	học lên cao
	가치관	values / value system	價值觀	価値観	giá trị quan
	인재	talent / talented person / gifted person	人才	人材	nhân tài
	치열하다	to be fierce / intense / competitive	激烈	激しい、熾烈だ	khốc liệt
	야시장	night market	夜市	夜市	chợ đêm

단원	한국어	영어	중국어	일본어	베트남어
14	누각	pavilion	樓閣、亭臺	楼閣	lầu các
	목숨을 바치다	sacrifice one's life	獻出生命、犧牲	命を捧げる	hy sinh tính mạng
	유등	lantern / oil lamp	流燈	灯篭	đèn dầu
	안부	hello / regardings to someone	問候	安否	lời hỏi thăm
	통신수단	means of communication	通信手段	通信手段	phương tiện truyền thông
	띄우다	to float / launch	使漂浮、發射	浮かべる、飛ばす	thả nổi
	경전	scripture / sacred book / holy book	經典	経典	sách kinh thánh
	목판	woodblock	木版	木版	khắc gỗ
	썩다	to rot / decay	腐爛、腐壞	腐る	bị mục
	보존	preservation	保存、保護	保存	bảo tồn
	통풍	ventilation	通風	風通し	thông gió
	습도	humidity	濕度	湿度	độ ẩm
	조절하다	to control / adjust / regulate	調節	調節する	điều tiết / điều chỉnh
	비결	secret / know-how	秘訣	秘訣	bí quyết
	골라 내다	to pick out / sork out / select	挑選出、挑出	選び出す	chọn ra
	단단하다	to be hard / solid / firm	堅硬、堅固	固い	cứng cáp
	그늘	shade	陰影、陰涼處	日陰	bóng râm
	대패	plane	刨子、木工刨	かんな	cái bào gỗ
	새기다	to engrave	雕刻	刻む、彫る	chạm trổ, điêu khắc
	덧붙이다	to add	補充、添加	付け加える	thêm vào
	옻칠	Korean lacquer / lacquer coating	塗漆、漆器	漆	sơn dầu
	파견되다	to be sent / dispatched	被派遣	派遣される	được phái cử
	광부	miner / mine worker	礦工	鉱員	thợ mỏ
	정착하다	to settle (down)	定居、落脚	定着する	định cư
	무덤	grave / tomb	墓、墳墓	墓	ngôi mộ
	시조	the first ancestor / progenitor	始祖、祖先	先祖	thuỷ tổ, ông tổ

단원	한국어	영어	중국어	일본어	베트남어
	폐수	wastewater	廢水	排水	nước thải
	서식	habitat	棲息	生息	môi trường sống
	승격	elevation of status / promotion	升級、提升	昇進	thăng cấp
	안녕	peace / stability / safety	安寧、安定、平安	安寧	bình an
	다짐하다	to pledge / promise / assure	保證、決心	誓う、約束する	quyết chí
	재벌	[jaebeol] refers to one of several large companies with various fields of business and has a distinct characteristic of mainly family management	財閥	財閥	nhà tài phiệt
	무	nothing	無、沒有	無	không, không có
	유	existence / something	有、存在	有	có
	불굴	indomitable / unwavering / fortitude	不屈不撓	不屈	bất khuất
15	개척정신	pioneering spirit / frontier spirit	開拓精神、首創精神	開拓精神	tinh thần tiên phong
	도전정신	challenge spirit	挑戰精神	チャレンジ精神	tinh thần thích thử thách
	조선소	shipyard	造船廠	造船所	xưởng đóng tàu
	계약	contract	合同、契約	契約	hợp đồng
	암각화	petroglyphs	岩畫、岩刻	岩面彫刻、岩石線画	tranh khắc trên đá
	선사시대	prehistoric era	史前時代	先史時代	thời tiền sử
	잠정	provisional / temporary / tentative	暫定、臨時	暫定	tạm thời
	고래	whale	鯨魚	くじら	cá voi
	생태	ecology	生態	生態	sinh thái
	공통점	common point / similarity	共同點、相通之處	共通点	điểm chung
	안내도	guide map / information map	路線圖, 示意	案内図	sơ đồ hướng dẫn
	바퀴	circle / lap / round	輪子、圈	周	vòng tròn

어휘 목록

단원	한국어	영어	중국어	일본어	베트남어
16	공통점	common point / similarity	共同點、相通之處	共通点	điểm chung
	안내도	guide map / information map	路線圖、示意圖	案内図	sơ đồ hướng dẫn
	바퀴	circle / lap / round	輪子、圈	周	vòng tròn
	참전	participation in a war / take part in a war	參戰	参戦	tham chiến
	희생	sacrifice	犧牲	犠牲	hy sinh
	묵념	silent tribute / silent prayer	默哀、默念	黙祷	mặc niệm
	딱	exactly / just right	恰好、正好	ちょうど	đúng
	시	poem / poetry	詩、詩歌	詩	thơ
	감상하다	to appreciate / enjoy	欣賞、觀賞	鑑賞する	thưởng thức
	샘물	spring water	泉水	湧き水	nước suối nguồn
	마르다	to dry / run dry / go dry	幹涸、幹枯	乾く	khô, cạn
	번화가	downtown / busy street / commercial area	繁華街區	繁華街	khu phố sầm uất
	상품	product / merchandise / goods	商品	商品	sản phẩm
	수입	import	進口	輸入	nhập khẩu
	피난민	refugee	難民	難民	dân tị nạn
	산비탈	mountainside	山坡	山の傾斜	sườn núi
	미로	maze	迷宮	迷路	mê cung
	골목길	alley / alleyway	小巷、胡同	路地	ngõ hẻm
	해넘이	sunset	日落	日没	mặt trời lặn
17	화산	volcano	火山	火山	núi lửa
	폭발	eruption	爆發	爆発、噴火	bộc phát
	구멍	hole	洞、孔	穴	lỗ hổng
	사투리	local dialect	方言	方言、なまり	tiếng địa phương
	수고하다	to work hard / put in effort	辛苦、勞累	苦労する	nhọc công, vất vả
	휴양지	vacation spot / holiday destination	休養地、度假勝地	リゾート地、休養地	khu nghỉ dưỡng
	돌담	stone wall	石墙	石垣	bức tường đá

어휘 목록

단원	한국어	영어	중국어	일본어	베트남어
17	옹기종기	[ong-gi-jong-gi] used to describe something that is gathered closely together or clustered	密密麻麻、緊密聚集在一起	互いに近く集まる	nhấp nhô dày đặc
	물질	free diving / diving for harvesting seafood	（潜水）采集海産、(海女)下海撿海物	素潜り	lặn biển bắt hải sản
	평상시	usual / normal times	平時、平常	普段	lúc bình thường
	잦다	to be frequent	頻繁	頻繁だ	thường xuyên
	걸쳐두다	to leave in suspense / leave unsettled / hang up / suspend	暫時擱置、未解決、懸挂、暫停	掛けておく	mắc lên, trải lên
	한계	limitation / constraint	局限、界限、限制	限界	hạn mức
	취지	purpose / intention	目的、宗旨	趣旨	mục đích
	폭포	waterfall / falls	瀑布	滝	thác nước

어휘 색인

어휘 색인

어휘 색인

어휘 색인

MEMO

외국인을 위한 여행으로 배우는

한국문화

초판 인쇄	2025년 6월 2일
초판 발행	2025년 6월 9일
저자	전정미, 안희은, 이정화, 이혜진
편집	김아영, 권이준, 윤상희
펴낸이	엄태상
디자인	김지연
조판	디자인 보스코
콘텐츠 제작	김선웅, 장형진
마케팅 본부	이승욱, 노원준, 조성민, 이선민
경영기획	조성근, 최성훈, 김로은, 최수진, 오희연
물류	정종진, 윤덕현, 신승진, 구윤주
펴낸곳	한글파크
주소	서울시 종로구 자하문로 300 시사빌딩
주문 및 교재 문의	1588-1582
팩스	0502-989-9592
홈페이지	http://www.sisabooks.com
이메일	book_korean@sisadream.com
등록일자	2000년 8월 17일
등록번호	제300-2014-90호

ISBN 979-11-6734-083-2 13710